이불안 여자들

〈일러두기〉

• 이 책에 나오는 모임명 '이불안 여자들'은 의미를 그대로
  살리기 위해 띄어쓰기를 하지 않았습니다.
• 이 책에 실린 손글씨 기록은 실제 '이불안 여자들' 모임
  에서 멤버들이 직접 남긴 내용을 발췌한 것입니다.

엉클어진 감정을 들여다보았다.
불안을 꺼내고 싶었다.

나처럼 은은한 불안을 견디고 있는
이들과 함께

불안을 탁탁 털어
햇볕에 말리고 싶었다.

덮어둔 이불을 걷었다.
두려움의 껍질을 하나씩 털어냈다.

우리는 모두,
불안을 품고도
조금씩 자라는 중이었다.

차례

아직 이불 안에 있는
당신께

혼자 점심 먹는 엄마로 살아온 지 10여 년이 되었다. 첫째 아이의 나이만큼 엄마 연차도 쌓였지만 엄마라는 이름표는 아직도 어색하고 쑥스럽다. 엄마, 주부로서 능력이 부족하게 느껴지는 날엔 아이들의 부름조차 부담스럽다. 그럴 땐 나도 모르게 불안한 생각이 스멀스멀 올라온다. '나만 이렇게 못나게 살고 있나? 나만 이 역할이 여전히 어려운 건가? 이대로 그냥 살아도 정말 괜찮은 걸까?' 분명 옆집, 아랫집, 뒤 동의 친구, 아이의 학교 친구 엄마도 나처럼 혼자 점심을 먹고 있을 텐데 그녀들은 멀리서 보면 나와 달리 능숙하고 안정감 있어 보인다. 함께 연대하고 도움을 주고받으면 좋겠지만, 의외로 엄마들의 모임은 성사되기 쉽지 않다. 아이가 아프거나, 집안일이 많거나, 본인의 업무가 있거나, 그저 휴식이 필요하거나 이유는 제각각이지만 엄마들은 대충 점심을 혼자 먹고 만다.

　나 또한 그런 나날을 묵묵히 보내던 어느 날, 과거 인연이 있던 기자님이 연락을 해왔다. 언젠가 나를 인터뷰했던 그녀는, 이제 초등학교 5학년 아들을 키우는 엄마이자 아동심리상담사로 일하고 있었다. 그녀 역시 오랜 시간 혼자 점심 먹는 여성으로 살아왔다고 했다. 글을 쓰던 사람이 어떻게 상담 공부를 시작하게 되었는지 궁금해 물었다. 그녀의 아들은 오랜 시간 입원 생활을 해야 했는데, 그때 소아 병동에서 많은 어린이와 양육자를 만났다고 했다. 오가며 그들의 이야기를 듣다 보니 좀 더 전문적인 도움을 주고 싶다는 마음이 생겼고, 그 마음이 그녀를 여기까지 오게 했다. 그녀는 아이들을 만나면서, 그 뒤에 서 있는 여성들, 특히 엄마들의 성장통 또한 외면할 수 없었다고 했다. 그것은 자신의 이야기이기도 했고, 내 이야기이기도 했으며, 우리 모두의 이야기이기도 했다. 그래서 '엄마도 엄살을 부릴 수 있는 공간이 있다면 얼마나 좋을까' 하는 생각에서 출발해 '엄살살롱'에 닿았다. 엄살살롱은 그녀가 운영하는 양육자 클럽이다. 그녀는 나에게 첫 프로젝트를 함께 하자고 제안했다. 나는 엄살살롱에 공감을 넘어 환호했다. 서로의 엄살도 받아주고 상처엔 밴드도 붙여주고, 힘들고 지칠 때는 잠깐 들러 쉴 수 있는, 엄마들의 '보건실'이 떠올랐다. 학창 시절, 보건실의 톡톡한 이불을 덮고 누우면 나른하게 긴장이 풀렸었다. 보건실 문밖은 소란스러웠지만 교실에서 잠시 벗어나 누워 있으면 그 소란함이 아련하게 느껴졌다. 일상과 잠시 거리 두기를 할 수 있는 곳, '이불안 여자들' 프로젝트는 바로 거기에서 출발했다. 불안과 긴장으로부터 잠시 거리 두기 할 수 있는 공간과 시간이 필요했다. 끊임없이 돌아가는 불안 플레이에 일시 정지 버튼을 누를 수 있는 곳이랄까. 엄마로서 느끼는 다양한 감정 중에서도 유독 어렵고 두려운 '불안'을 잠시 꺼내 놓고 보건실에 누워 나를 다독이며 쉬는 시간이 필요했다. 그녀와 함께라면 이 보건실에 나와 같은 친구들을 잔뜩 끌고 들어와 누워도 될 것 같았다.

불안은 여성의 삶에 필연적으로 찾아오는 '능력'이 자 '본능'이다. 인생의 어떤 난관은 도화선이 되어 차곡차곡 쌓아둔 불안을 불현듯 터뜨린다는 걸 엄마가 되어서야 알았다. 사실 불안의 실체를 짐작은 하고 있더라도 그 불안을 눈앞에 꺼내어 마주하고, 토로하고, 공감받고, 지지받는 경험을 해본 사람은 많지 않다. 그래서 우리는 '이불안 여자들' 프로젝트를 시작했다.

여섯 명의 엄마이자 여성인 멤버들이 모였다. 우리는 여덟 번의 만남을 약속하고, 천천히 각자의 불안을 꺼낼 수 있는 시간을 쌓고 기록하고 나눴다. 나를 불안하게 만드는 실체를 들춰보기 위해 '감정'에 대해 다시 배우기도 했다. '불안'이라는 이름으로 뭉뚱그려 버렸던 큰 감정 덩어리 안에 얼마나 다양한 감정이 숨어 있었는지 시간을 들여 하나씩 찾아보았다. 단순히 불안의 조각을 찾는 시간이 아니라 '나'에 대해 다시 묻는 시간이기도 했다. 엄마가 된 이후, '나'에게 '나'를 물을 시간이 없었다는 걸 새삼 깨달았다. 프로젝트가 여물어갈수록 나만의 '불안 레시피'가 하나씩 만들어졌다. 우리는 각자 꽁꽁 싸매두었던 불안을 꺼내어 탁탁 털어내고 시원하게 이불 빨래를 했다. 서로의 볕에 기대어 각자의 마음 그늘을 말리기도 하면서 말이다. 그중에서도 '내면 아이'에게 편지를 썼던 날은 특히 오래도록 마음에 남는다. 내 불안의 탄생과 부정적 감정의 시작이 숨어 있던 어린 '나'를 만났기 때문이다. 묻어두고 잊고 살던 감정을 굳이 다시 꺼내어 흙탕물로 만들 필요가 있을까 고민도 했다. 하지만 그 시절에 주저앉아 있는 어린 나를 일으킬 필요가 있었다. 해결하지 못한 감정은 결코 사라진 것이 아니라, 그곳에서 불안으로 자랐기 때문이다. 그날, 우리는 모두 어린 '나'에게 편지를 쓰고 소리 내어 읽었다. 가장 아팠던 시절에 멈춰 선 나에게 다정한 첫 마디를 건네는 것이 쉽지 않았지만 모두 용기를 냈다. 서로의 고백을 듣는 한 시간 내내 눈물바다가 되었지만, 우리는 기세 좋게 그 바다에 가라앉지 않고 수면 위로 서로를 밀어 올려 주었다.

프로젝트가 깊어질수록 '나'의 존재감을 찾아갔다. 그 누구도 아닌 나에 대한 '사랑'과 '이해'였다. 죄책과 불안으로 나를 다그치기보다는 나를 안고 이해했다. 일상으로 돌아간 나에게도, '이불안 여자들'에게도 불안은 또 찾아올 것이다. 하지만 이제 그 불안을 다루어 나가는 나를 기대할 수 있다. 우리는 두 발을 단단히 딛고 서 있는 '나'를 만났기 때문이다. 지금, 여전히 불안을 안고 혼자 밥 먹고 있을 또 다른 '이불안 여자들'에게 우리의 이야기를 건네고 싶다.

"불안을 덮고, 펴고, 털고, 말리는 이야기의 시작"

전지민 × 문은영

우리는 잠깐, 이불 안에 함께 있었다. 누군가는 불안을 꺼내어 말했고, 누군가는 가만히 고개를 끄덕였다. 누가 먼저였는지는 중요하지 않았다. 엄살 같아서 말하지 못했던 마음들, 덜 아픈 척하느라 감추었던 감정들, 우리는 그저 곁을 내주고 함께 들었다. 이 대화는 기록이다. 무엇을 해결하기 위한 이야기가 아니다. 나의 불안을 마주한 시간의 기록이다. 이 책을 펼친 당신도 '이불안 여자들' 모임에 잠시 다녀가면 좋겠다. 당신의 불안도 햇볕에 잠시 널어 말릴 수 있도록. '이불안 여자들'도 그렇게 시작되었으니까.

문은영 사실 처음 만났던 날이 아직도 또렷해요. 제가 작가님께 디엠(DM) 보냈던 거 기억하시죠?

전지민 기억하죠. 그때가 제가 막 파주로 이사했을 무렵이었어요.

문은영 그쵸? 저는 일산에 있었고, 마침 '퍼들점프'를 막 시작했을 때였어요. 양육자 클럽을 기획하면서 이야기를 끌어갈 사람을 찾고 있었는데, 그 역할에 딱 어울릴 것 같은 분이 작가님이었어요.

전지민 요즘 누군가를 만나고, 관계를 맺는다는 게 쉽지 않잖아요. 근데 기자님 글과 활동을 보면서 '결이 맞겠다'라는 생각이 들었어요.

문은영 우리, 첫 만남 장소도 생생해요. 원래 서점에서 만나기로 했는데, 서점 가기도 전에 이야기만 하다가 시간을 다 써버렸죠.

전지민 맞아요. 엄청 길게 이야기했죠. 저는 사실 처음 만난 사람 앞에서 그렇게 속 얘기 많이 하는 편은 아닌데, 그날은 이상하리만치 많이 꺼냈어요.

문은영 저도 원래 제 얘기 잘 못 하는 사람인데, 작가님 앞에서는 이상하게 말이 술술 나왔어요. 저는 문앞까지는 누구나 쉽게 오게 해도 문은 잘 안 열어 주는 사람이거든요. 근데 그날은 이상하게 문이 활짝 열려버렸어요.

전지민 제가 그런 페이스메이커 역할을 잘하는 것 같아요. 먼저 이야기를 꺼내서 상대방이 자연스럽게 자신의 이야기를 할 수 있도록 만드는. 제가 이사를 자주 하잖아요. 근데 새로운 동네에 가면 꼭 한 명은 진심으로 연결되는 사람을 만나게 되더라고요. 파주에서도 그런 사람을 만나게 될까 기대하고 있었는데, 딱 그 타이밍에 기자님을 만난 거죠.

문은영 그날 제가 '엄살살롱'이라는 모임을 하고 싶다고 말씀드렸잖아요. 엄마들은 매일매일 일상이 돌아갈 수 있게 무언가를 하는데, 그걸 '힘들다'고 말할 수조차 없는 분위기가 있잖아요. 엄마도, 여성도 '엄살'을 부릴 수 있는 안전한 곳을 만들고 싶었어요. 그 곳의 중심 역할을 작가님께 부탁드리고 싶었고요.

전지민 그때 제가 "학교 보건실 같은 공간이면 좋겠다"라고 했었죠. 힘들면 그냥 와서 쉴 수 있는 곳. 사실 불안이라는 감정도 그런 식으로 다루면 좋겠다고 생각했어요. '이겨내야 하는 것'이 아니라, 잠깐 쉬어갈 수 있는 것처럼.

문은영   그리고 그 자리에서 바로 그 말 하셨죠. "'이불안 여자들' 어때요?" 듣자마자 소름 돋았어요. 너무 딱 맞았어요.

전지민   이불 안에서 아무것도 못 하고 웅크리고 있는 여성들, 그 안에서 시작되는 이야기가 있을 거라고 생각했어요. 그날 '생각의 장례식' 이야기까지 했던 거 기억나요?

문은영   기억나죠. 버리고 싶은 생각들을 장례 치르듯 보내주는 방식. 그날 대화가 진짜 길었어요. 처음 만난 날이었는데도 너무 풍성했고, 집으로 돌아가는 길이 따뜻했어요.

전지민   사실 우리가 '이불안 여자들' 모임에 대해 정한 규칙이나 방향은 거의 없었잖아요. 근데 자연스럽게 흐름이 생기더라고요.

문은영   맞아요. "여기서는 불안을 다 털어놓으세요"라고 한 적도 없는데, 어느새 다들 웃고 울고 각자의 이야기를 꺼내 놓고 있었어요.

전지민 그게 바로 이 모임이 특별한 점 같아요. 누가 시키지도 않았는데 용기가 나고, 말하고 나면 좀 가벼워지고. 그게 뭐랄까, 이불을 걷어내는 느낌이랄까요?

문은영 전 아직도 우리 멤버들의 어떤 말들은 또렷이 기억나요. 누군가 그랬죠. "이 말을 어디서 이렇게 제 입으로 직접 꺼내 본 적이 없어요." 사실 우리는 알고 있잖아요. 내 안에 뭐가 있는지. 하지만 꺼내서 말한다는 건 완전히 다른 차원이니까요.

전지민 그리고 우리는 '비교'하지 않았죠. "그건 별거 아니에요." "내가 더 힘들었어요." 그런 말 한마디 없이, 그냥 고개를 끄덕이며 들어주는 분위기였어요.

문은영 맞아요. 그게 얼마나 다정한 공기인지 그때 확실히 알았어요. 이해받고 있다는 느낌, 평가받지 않는 공간. 그게 사람을 살게 하더라고요.

전지민 그래서 저는 일부러 매주, 제 불안 이야기를 먼저 꺼냈었죠. "저는 이런 불안을 겪었어요. 이런 마음이었어요." 하고 말이에요. 도슨트처럼요. 불안 도슨트. 처음엔 저도 용기가 필요했어요. 하지만 회를 거듭할수록 그걸 통해 다른 분들도 자신만의 이야기를 꺼낼 수 있게 된 것 같아 괜히 뿌듯하더라고요.

문은영 그게 정말 컸어요. 해결책을 주는 것도 아니고, 조언을 하는 것도 아니고, 그냥 자기 경험을 꺼내 놓는 그 태도 자체가 마음을 열게 하더라고요.

전지민 저희가 매주 한 주제씩 프로그램을 준비하면서 그 앞에 짧은 스토리를 풀었잖아요. 그게 결국 일상 속에서 꺼낸 '엄살'이었어요. 어디 가서 "나 이랬어"라고 말하기 어려운 이야기들.

문은영 그래서 양육자 클럽 이름을 '엄살살롱'으로 짓고 싶었어요. 엄살이라는 단어 안에 얼마나 많은 말이 숨어 있는지, 그걸 서로 꺼내 놓고 "맞아, 나도 그래" 해줄 수 있는 모임을 만들고 싶었거든요.

전지민 무엇보다, 우리 모두 엄마였잖아요. 임신과 출산, 육아를 하며 겪는 신체적·심리적 변화들, 그 안에 불안이 얼마나 깊게 깔려 있는지 서로 너무 잘 알잖아요.

문은영 그 모든 게 교집합이 되었죠. 그리고 각자 불안을 꺼내는 방식이 다르더라도, 그 감정을 공유하는 순간들 덕분에 우리가 연결될 수 있었던 것 같아요.

전지민 저는 유년의 '나'에게 편지 쓴 날이 잊히지 않아요. 그날 다들 어린 시절의 나에게 편지를 쓰고, 낭독하기 전에 자기 이름을 아이 이름 부르듯 다정하게 불렀잖아요. 그 장면, 정말 잊을 수가 없어요. 모두가 무너졌죠. 눈물이 터지고, 껴안고, 말없이 울고….

문은영 '내가 내 이름을 이렇게 다정하게 불러본 적이 있었나?' 저도 그런 생각을 했어요. 자기 자신을 품는 그 목소리에서 뭔가 해체되는 기분이 들었어요. 그 순간, 우리 사이가 훨씬 더 편안해졌던 것 같아요.

전지민 그 이후로는 정말 친구처럼 느껴졌어요. 단지 몇 번 만났을 뿐인데, 그 어떤 오랜 친구보다 서로를 이해하게 되었죠.

문은영 맞아요. 특히 우리가 그린 '인생 그래프'나 '내면 아이' 이야기들을 통해, 표면 너머 그 사람의 '역사'를 보게 된 느낌이었어요.

전지민 이게 진짜 대단했던 게, 우리는 상담실이 아니었잖아요. 그런데도 그런 일이 가능했던 건, 모두가 진심으로 참여했기 때문이죠.

문은영 모임 마지막 즈음엔 다들 점점 더 편안해지고, 매주 그 요일을 기다리게 되더라고요. 아침이면 괜히 설레고, 일주일 중 제일 고요한 시간 같았죠.

전지민 봄에 시작해서 여름을 지나 가을까지 함께했으니, 거의 사계절을 함께 산 거예요. 그 계절의 감정이 우리 모임에도 다 녹아 있었던 것 같아요.

문은영 우리 한 해 마무리하면서 모였던 거 기억나세요? 그날 새벽이 넘어가도록 이야기하고 웃고 먹고…. 아, 진짜 좋았는데. 진심으로 서로의 감정과 한 해를 돌아보는 밤이었어요. 저는 그날 진짜 우리가 살롱같다고 생각했어요. 친구한테 "올해 너는 어땠어?", "넌 어떤 감정이 가장 기억에 남아?" 이런 거 묻기 어렵잖아요. 근데 우리 사이에선 그게 너무 자연스러웠어요.

전지민 맞아요. 그때 그런 이야기 한 게 생각나요. "매일 나와 함께 있지만, 정작 나는 나를 잘 정리하지 못해요." 그래서 우리 기록들이 더 소중했어요. 내가 무슨 감정을 얼마나 자주 느끼는지, 어떤 말버릇으로 나를 속이고 있었는지 기록하면서 나에 대해 정말 하나씩 탐구한 기분이랄까?

문은영 어쩌면 모임 동안 우리가 한 기록은 내 감정을 형체로 만드는 과정이었어요. 막연하게 무섭고 어두워 보였던 감정이 글로 꺼내면 통통 튀거나, 어떨 땐 귀엽기도 한 존재로 보이더라고요.

전지민 그래서 제가 나중에 그 감정을 '반려불안'이라고 불렀잖아요. 반려.불안. 뭔가 두렵고 무섭기보단 귀엽고 함께 살아가는 친구 같달까? 없앨 수는 없지만, 옆에 둘 수는 있는 감정.

문은영 그 표현 너무 좋았어요. 불안을 무조건 떨쳐내야 할 '적'으로 여기기보다, "이 친구 오늘은 왜 여기 와 있을까?"라고 물어보는 태도. 그걸 통해 오히려 덜 불안해지는 걸 느꼈어요.

전지민 그리고 그 핵심은 결국 '기록'이었던 것 같아요. 감정과 상황, 생각을 나누고 정리하는 연습. 우리가 하나씩 만들어가며 적어 내려간 노트, 정말 도움이 많이 되었어요.

문은영　맞아요. 처음엔 낯설었지만, 그 노트를 매일 쓰다 보면 '내가 이 감정에 너무 휘둘리고 있었구나, 그렇게까지 불안해할 일은 아니었구나' 하고 자각하게 되더라고요.

전지민　그래서 이 책에도 '기록 페이지'를 꼭 넣고 싶었어요. 이건 단순히 읽는 책이 아니라, 함께 쓰는 책이었으면 좋겠거든요. 저는 독자분들이 꼭 이 페이지를 채워나갔으면 좋겠어요. 우리가 깨달은 어떤 것들이 그들에게도 가닿기를 바라요.

문은영　말하자면, '불안 사용 설명서'죠. 그런데 그 앞에 반드시 붙어야 하는 말이 있어요. '나의'. '나의 불안 사용 설명서'. 다른 누구의 것도 아니고, 나만의 레시피를 쓰는 과정이니까요.

전지민　우리가 그걸 알아가려면 먼저, 감정의 재료들을 식탁 위에 꺼내 놓아야 해요. 분류하고, 다듬고, 실패도 해보고. 그걸 반복하면서 점점 '나에게 맞는 조리법'을 만들어가는 거죠. 그게 바로 우리가 '불안 레시피'라고 부른 그 여정이었어요.

문은영 그 과정을 함께했던 우리 멤버들도 정말 귀한 분들이었죠. 누구도 완성된 사람이 아니라 과정 속에 있었고, 함께 걸으면서 자신만의 불안 지도를 만들어갔어요.

전지민 저에게는 더더욱 의미 있는 시간이었어요. 코로나 19 팬데믹 이후 불안장애, 공황장애, 섬유근육통까지 겪고 나서 이 경험을 숨길 것이 아니라 드러내고 나누어야겠다고 결심한 시간이었거든요.

문은영 그 용기가 저에게도, 우리에게도 전달됐어요. 엄마가 먼저 불안을 마주하고, 정리하고, 회복한 경험은 아이에게도 큰 '역사'가 된다는 걸 작가님 이야기를 들으며 우리 모두 알 수 있었거든요.

전지민 맞아요. 아이들이 언젠가 말하겠죠. "우리 엄마가 불안을 만났을 때, 이렇게 극복했지." 그 기억이 또 누군가의 나침반이 되었으면 좋겠다는 마음으로 이 책의 글을 쓰기도 했어요.

문은영 우리 그때, 연습 많이 했잖아요. 이 불안이 정말 아이를 위한 걱정인지, 아니면 내 불안이 투영된 것인지 분별하는 연습.

전지민 그때는 잘 몰랐는데, 지나고 나니까 보이더라고요. 내 감정을 모아보고 꺼내 보고 나니까, 이제 일상에서 조금은 더 구분할 수 있게 되었어요. 그래서 요즘은 마음이 좀 더 안정적이에요.

문은영 흐릿한 감정을 차분히 가라앉히는 시간이 우리에게 필요했던 거 같아요. 불안이라는 감정을 무조건 잘라내는 게 아니라 같이 앉아서 살펴보는 것. 그게 이 작업의 진짜 의미였던 것 같아요.

전지민 저는 이 책을 펼친 분들도 '반려불안'과 함께 살아가는 자신만의 방법을 하나씩 찾아가셨으면 좋겠어요. 책 속에서 우리랑 같이 앉아서 '이불안 여자들' 모임을 하듯이 내 불안을 꺼내고 내 이야기를 내가 좀 더 들어주는 그런 책이 되길 바라요.

Chapter 1

불안은 나를 닮았다

불안이
태어났습니다

전지민

나무는 겨울을 견디고 살아남기 위해 잎을 물들이고 떨군다. 잎이 떨어진 자리에는 싹눈과 눈꽃이 만들어지고 그 위로 반창고 같은 껍질을 입는데, 이것을 '휴면아'라고 부른다. 휴면아는 '잠자는 눈'이라는 뜻으로 식물이 살아가기 적합한 조건이 찾아오면 언제든 잎과 꽃을 틔울 수 있다. 나는 자신의 때를 기다릴 줄 아는, 자신을 지킬 줄 아는 지혜로운 나무들이 그래서 좋다. 나무란 나무는 다 좋아하는데, 그중에서도 열매를 맺는 과실수를 특히 애정한다.

2022년 가을, 친척 어르신의 대추밭을 찾았다. 대추

나무가 앉은 땅 일부가 도로로 합류되어 곧 나무가 베어 질 거라고 했다. 그 해가 마지막 수확이었다. 나무는 자신의 운명을 아는 듯 여느 해 보다 달고 무수한 열매를 맺었다. 한 알이라도 더 거둬 품으리라는 맘으로 욕심을 부려 대추를 땄다. 빨간 대야마다 대추 산이 쌓였다. 나무 아래에서 떨어진 대추를 하염없이 주워 먹기 바쁜 두 살 아들과 달리 일곱 살 딸은 동생을 심드렁하게 바라보고 있었다. 그러다 대뜸 "엄마는 왜 이 집에서 태어났어?"라 고 묻는 게 아닌가. 대추나무 가지를 신나게 훑어내리다 말고 나는 가만히 섰다. 이 질문이 왜 이 순간 날아온 것 이며, 나는 어떻게 대답해야 할까. 나도 내 안에서 어떤 답이 나올지 궁금했다.

"음…, 엄마는 재밌는 이야기를 많이 쓰려고 이 집에서 태어난 것 같은데?"

"할머니한테 많이 맞고 자랐어도?"

요놈이 지나가는 말을 이젠 예사로 듣지 않는 모양이다.

"응! 엄마는 행복한 어른으로 잘 자라서 그 시절 추억을 글로 쓰며 재밌게 사는걸!"

그때 나는 친정으로 일 년 동안 비접을 가 있었다. 아픈 몸과 마음을 가족과 이웃, 전문가들의 도움으로 최선을 다해 회복하고 일으키던 가을이었다. 아마도 내 딸은 치열했던 엄마와 외할머니의 전쟁을 나무처럼 듣고 있었던 것 같다.

　　몸이 아프거나 일이 잘 풀리지 않으면 옛사람들은 '비접'을 간다고 했다. 지내온 터를 벗어나 일상을 잠시 접고 삶을 환기하는 걸 비접이라고 한다. 나는 왜 병원이 아닌 가족의 곁을 선택했을까? 그것도 내 삶에서 가장 큰 두려움의 대상이었던 엄마 곁으로 꾸역꾸역 가 붙어 있었을까. 시간이 흘러 그 시절을 멀리서 볼 수 있게 되었을 때, 그 까닭을 알 수 있었다. 그건 어린 내가 해결하지 못했던 우울과 불안, 감정의 기원을 들추고 싶었기 때문이었다. 유년 시절 부모의 사랑을 확인하고 싶었다. 내가 인지하지 못하는 상처까지 사랑의 뒷걸음질 안에서 운 좋게 치유받고 싶었다. 상처를 들춰내고 보듬는 시간을 가져야겠다고 결심하기까지 많은 용기가 필요했다. 하지만 죽음의 문턱 앞에서 나는 간절했다.

　　둘째를 낳고 6개월이 지났을 무렵, 가슴이 꽉 막히

고 숨이 쉬어지지 않더니 느닷없이 울분이 올라와 매일 눈물바람이었다. 그러다 왼팔과 오른팔이 불에 덴 듯 뜨겁더니 임파선이 부어오르기 시작했다. 처음엔 대상포진이나 산후풍인 줄만 알았다. 온몸이 시리거나 따갑거나 화끈거렸고, 가슴은 쉴 새 없이 두근거리고 불안했다. 식은땀이 흘러 추웠다 더웠다를 반복했고, 머리에 베개만 닿으면 자던 나에게 극심한 불면증이 찾아왔다. 침대만 바라보아도 극도의 불안과 공포감이 밀려 왔다. 정상적인 크기의 불안이 아니었다. 그러다 말로만 듣던 공황장애가 심하게 찾아왔고, 나는 더 이상 두 아이를 양육할 수 없는 지경에 다다랐다.

남편과 일 년간 떨어져 친정에서 비접 생활을 할지, 시댁과 친정에 각각 아이를 맡기고 입원 치료를 할지 고민했다. 씩씩한 사람을 뽑는 대회가 있다면 장원감인 나인데, 왜 내가 이런 병에 걸린 것인지 억울했다. 물론 무의식에 잠재해 있던 불안이 꾸준히 목소리를 내고 있었지만 외면하고 있었는지도 몰랐다. 코로나 베이비로 찾아온 둘째는 임신 30주 무렵 '탯줄정맥류'라는 진단을 받았다. 사산 가능성도 있다고 했다. 그즈음 나는 임신성 유방암 가능성이 있다는 진단도 함께 받았다. 아이를 낳자마자 조직 검사를 해야 한다고 했다. 둘째의 호흡은 나날이 불안정해졌고 결국 37주가 되자마자 유도 분만을 했다. 다행히 둘째는 무탈하게 태어났고, 유방 조직 검사 결과도 양성 혹으로 나왔다. 그래도 놀란 마음의 그림자는 쉽게 사라지지 않았다. 그림자는 점점 마음의 그늘이 되어 나를 덮쳤고, 그렇게 나는 시들해져 갔다.

어쩌면 그날 대추밭에서 나는 내 그림자를 마주쳤는지도 모른다. 대추를 터는 아빠 모습이 재밌어 보였는지 대뜸 딸이 "엄마, 아빠가 대추를 잘 때려!"라며 깔깔거렸다. 딸아이의 엉뚱한 말에 웃음이 나오려는 찰나, 옆에 있던 친정엄마가 나무에 사과를 하는 게 아닌가. "많이 때려서 미안하다"라며 나무를 쓰다듬는 엄마를 보니 알 수 없는 감정이 고개를 들었다. 사위가 터는 대추나무에도 마음 아픈 이 여린 여자가, 그 시절엔 어떻게 아이를 그렇게 흠씬 두드려 팰 수 있었을까? 사과를 하는 저 여인의 여린 마음이 거짓이 아닌 진심이라는 것을 안다.

엄마 한 번, 내 딸내미 한 번 번갈아 바라보았다. 미숙한 부모 아래 자란 아이가 부모가 되어 나름의 사랑으로 최선을 다해 자식을 키워간다. 어느 날은 미숙한 어린 자아가 튀어나와 후회를 펼치기도 한다. 그러다 보니 알겠다. 그 시절 미숙했던 나의 부모도 그날을 평생 가슴에 묻고 살겠구나, 평생 벌 받는 마음으로 순간순간 지옥에서 살아가겠구나 싶다.

친정에서의 비접 생활이 무르익을 때쯤 내 병을 이해해 주는 상담사를 만나 반년 정도 상담을 이어갔다. 그녀는 담담하게 내 마음을 읽어주었다.

"박사님, 미움이 완전히 사라질 때까지 상대에게 용서를 요구할 수 있나요?"

"상처받았다는 걸 상대에게 알리는 것까지만 지민 씨의 몫이에요. 사과를 할지 말지는 상대의 몫이고 강요할 수도 없어요. 원하는 만큼의 사과를 바라고 기대하다가 또 실망하고 불행하다고 느낄 수 있어요. 이 세상엔 지민 씨가 원하는 크기와 온도의 사과는 존재하지 않을지도 몰라요. 설령 존재한다고 해도 지민 씨 마음이 정말 풀릴까요? 우리는 이제 더 이상 그 상처에 머물러 있지 않아도 돼요. 어른이 된 우리에겐 자신을 지킬 힘이 있거든요. 가끔 불안하거나 우울할 때, 나와 같은 처지에 놓인 누군가에게, 가장 사랑하는 사람에게 조언을 해주는 마음으로 글을 써보세요. 지혜롭고 이성적인 위로가 툭 나올 겁니다. 지민 씨는 이미 그렇게 해오고 있었어요."

내가 제일 사랑하는 사람은 두 아이다. 그동안 아이들을 위해 쓴 이야기가, 우리의 일상을 기록했던 글이 결국 나를 위로하고 안아주는 '치료의 글쓰기'였다는 걸 깨달았다. 잠자고 있던 나의 휴면아 위로 영원히 나지 않을 것 같았던 초록이 돋아났다. 아이들이 바로 내 성장의 꽃눈이었다.

나만
그런 줄 알았는데

문은영

이불 속은 따뜻하고 포근하지만, 가끔 숨이 막히는 순간이 있다. 나의 은은한 불안도 그렇다. 걷어차기엔 춥고, 뒤집어쓰자니 숨이 턱 막힌다. 엄마가 되고 잔잔한 불안이 일상을 수시로 휘감는 데 익숙해져 버렸다. 아마도 그건 나에게서 비롯한 불안은 물론이고, 눈앞의 아이를 '잘' 키워야 한다는 책임감에서 싹튼 불안까지 더해져서일 테다. 아이는 자기 속도대로 유유히 자랐지만, 그 곁의 나는 때때로 불안했다. 지금의 내 선택이 아이의 미래를 좌지우지하고, 나의 실수가 아이의 인생에 지대한 영향을 미칠 것만 같았다. 실수하기도 전에 불안이 덜컥거렸다. 아이를 낳기 전의 불안은 지금처럼 죄책감과 늘 함께 다니지는 않았다. 그 시절의 불안은 덜 거추장스러웠다. 시험을 못 볼 것 같으면 공부를 더 하면 됐고, 연애가 불안하면 안 하면 그만이었다. 직업을 찾는 과정도 당연히 불안했지만, 그건 오히려 무언가를 하게 했다. 기억은 미화되기 마련이라지만, 그 시절의 나는 불안을 딛고 움직였다. 내가 움직이면 불안은 사그라들었다.

하지만 엄마가 되고 나서 찾아온 불안은 달랐다. 새 옷의 까슬한 라벨처럼 은근히 신경을 긁었다. 너무 잔잔해서 일상을 크게 방해하지는 않지만, 그렇다고 사라지지도 않았다. 어슴푸레한 불안은 딛고 일어서는 발판이 아니라 때로는 죄책감으로, 의심으로, 걱정으로, 고민으로 내 안에 항상 함께 했다. 브레이크를 살짝 밟은 듯 일상을 덜컹거리게 만드는 감정이었다. 아이가 한 살 한 살 더 먹는다고 줄어들지도 않았다. 내용이 달라질 뿐이었다. '이제 걸어야 할 때인가?' '이 발진은 뭐지?' '친구들과 잘 지낼 수 있을까?' 하나의 걱정이 사라지면 새로운 걱정이 나타났다. 요만했던 아이의 단점이 점점 커지는 날이면 머릿속에서는 끝없는 시뮬레이션이 돌았다. 생각의 끝은 나 때문인가 하는 죄책감으로 치닫기 일쑤였다.

나는 상담사다. 그런데 내가 불안하다고 말해도 괜찮을까? 직업이 뭐든 엄마는 엄마다. 아이가 학교에서 무슨 일을 겪었다고 하면 그날 밤은 편히 잠들지 못하는 사람. 그게 엄마다. 그래서 불안을 꺼내고 싶었다. 혼자가 아니라, 나처럼 은은한 불안을 견디고 있는 이들과 함께. 햇볕 좋은 날, 묵은 이불을 탁탁 털어 말리듯이 말이다. 세상은 엄마의 불안을 혼내기에 바쁘다. '침착해라', '흔들리지 말아라', '강해져라'라고 말한다. 엄마의 불안은 아이를 망치는 괴물인 걸까? 하지만 어느 엄마가 불안하고 싶어서 불안한가. 사랑에서 싹튼 불안을 혼나기만 하기엔 억울하다.

불안을 자세히 들여다보면 그 안에는 사랑이 숨어 있다. 물론 아이를 향한 사랑도 있지만, 한편에는 나 자신을 사랑하는 마음도 있다. 자아와 자식 사이에서 초라해지는 나를 지키고 싶은 마음, 나를 다독이고 싶은 사랑이 그 안에 있다. 불안을 드러내는 건 버겁고 피하고 싶은 일이다. 그래서 '굳이'라는 말이 따라붙는다. '굳이 꺼내야 하나?' '굳이 들여다봐야 하나?' 그 뒤에는 늘 두려움이 있다. 덮어두고 모른 척하고 싶다. 그래서 자꾸 입안에서 맴돌다가 다시 삼켜진다. 별일 아니라고 넘기면 정말 별일 아닌 것처럼 되기도 하지만 대신 엉뚱한 데서 터진다. 생각보다 서운하고, 생각보다 기운 없고, 별일 아닌 일에 눈물이 난다. 그런 날이 겹치면 아무 일 없는 척하는 게 더 어려워진다.

때때로 '나만 그런 게 아니야'라는 깨달음은 든든한 벗이 된다. 그래서 '이불안 여자들'을 모았다. 우리는 함께 모여 엉클어진 불안을 들여다보았다. 불안을 휘감은 두려움의 껍질을 하나씩 벗겼다. 서로의 결을 내주면서 말이다. 나약함을 솔직히 드러낼 수 있는 사람들의 맑은 기개가 좋았다. 연약함을 마주하는 건 결코 쉬운 일이 아니니까. 불안을 꺼내어 살펴보니 저마다 다른 얼굴을 하고 있었다. 내 불안이 어떻게 생겼는지 보고 나니 한결 가벼워졌다. 불안의 한자는 '아닐 불(不)', '편안할 안(安)'이다. 말 그대로 마음이든 몸이든 편안하지 않은 상태를 뜻한다. 그렇다면 지금 나는 어디에서 불편을 느끼고 있는 걸까? 내 마음 한구석에 웅크리고 있는 불안은 어떤 모습일까? 우리는 종종 불안을 못 본 척하고 이불을 덮는다.

하지만 언젠가는 천천히 손 하나를 내밀고, 발도 하나 내밀어 이불을 걷어내야 한다. 그렇게 불안을 꺼내 보는 것부터가 시작이다. 지금 내가 덮고 있는 불안은 어디서 왔을까? 어떤 얼굴을 하고 있을까? 불안은 이유 없이 찾아오지 않는다. 문밖에 오래 서 있던 감정이 어느 날 안으로 쑥 들어온다. 가끔은 그걸 안으로 밀어넣은 사람이 바로 '나'일 때도 있다. 이제는 말을 걸어야 한다. 이불을 걷고, 불안을 들여다볼 시간이다.

이불 안 나부터
살펴봅니다

아침 시간은 유독 정신없이 지나갑니다. 손이 닿아야만 하는 곳이 많은 게 엄마의 아침이니까요. 그 와중에 내 기분을 챙기는 건 항상 늘 맨 마지막입니다. 때로는 기분을 느끼기도 전에 사라지는 것 같기도 합니다. 그럼, 밤은 어떤가요? 저녁 먹고 치우고 어질러진 집 안 대강 정리하고 나면 그새 창밖은 캄캄해져 있죠. 아이를 재우다 같이 잠들기라도 하면 제일 억울한 밤이 되고 맙니다. 하루 중 내 기분을 온전히 느끼는 시간이 있는지 떠올려 보세요. 나를 살피는 일도 연습이 필요합니다.

이불 속에서 눈을 뜨고 가만히 아침의 나를 느껴보세요. 오늘 몸 상태부터 기분의 온도까지 느껴보세요. 어제의 흔적이 남아 어딘가 불편하지는 않은지, 오늘 일어날 일 때문에 벌써 긴장하고 있지는 않은지, 계절의 냄새만으로도 가슴이 뛰는 건 아닌지 가만히 느껴보세요. 그리고 하루를 보내고 이불 속으로 들어가 눈을 감을 때 다시 한번 나를 살펴보세요. 오늘을 보낸 나의 몸과 마음을 들여다보세요. 매일 조금씩 나를 살피는 연습을 하다 보면, 점점 더 내 감정과 몸의 신호를 민감하게 느낄 수 있을 거예요. 그렇게 나에게 가장 먼저 다정해져 보세요. 스스로 나를 살펴주세요.

- 오늘 아침, 가장 먼저 떠오른 감정은 무엇이었나요?
- 하루 중 자신을 챙긴 순간이 있었나요? 없었다면, 왜 그랬을까요?
- 지금 이 순간, 내 몸과 마음이 나에게 해주고 싶은 말이 있다면 무엇일까요?

1월 13일

see if you can just
let yourself BE.

그저 자신을 '존재'할 수 있게
할 수 있는지 바라보세요.

오늘은 아침부터 잔잔한 불안감에 휩싸였다. 아이들이 스스로
등원 등교 준비를 할 수 있도록 잘 기다려 주려, 여러! 오늘 아침은
인내심이 부족하다고 느껴졌다. 아이들을 등교시킨 후 혼자서 하는
마음으로 건강스푼을 켜보니 '배려기'의 사소이었다. 토론의
영향을 받고 있다고 인지하니 오히려 '그렇구나' 담담하게
받아들여진다. 이번 주는 낭만이 들어지 못하는 주간이라
혼자서 아이들을 씻기고 챙기고 먹이느라 증 더 힘이든다.
하지만 이번 달은 배달음식이 아닌 여럴폰 엄마밥을 직접
해겠다고 결심하며 가짜미를 구웠다. 예쁜 식판에 골고루
구곤 나는 힐링푸드 '너거리'를 끓여 먹었네! 그래도
'불안한 감정 지닌것 처고 오늘 잘 살아서 뿌듯하던'

아침에 눈을 떴을 때 나를 관찰하고,
잠들기 전 다시 나를 바라봅니다.
몸 어느 곳이 불편한지, 마음 어디가
막혀 있는지, 개운하게 눈을 떴는지,
마음 무겁게 잠이 들었는지, 걱정 없이
맑은 마음으로 하루를 시작했는지
천천히 느껴보세요.

토마토 마리네이드가 피클이 되어 돌아왔다!   오늘의 귀여움. 바캉스 중인 반려돌.

좋은 아침이야! 지난 밤엔 잘 잤니?
유월인데 벌써 열대야라니. 난 정말이지 올 여름이 두려워.
너도 알잖아, 나 더위에 취약한 거. 불쾌한 기분은 금세 태도가 되고 마니까.
여름이면 너도 늘 나와 멀찍이 떨어져 걷는 거. 나는 알고 있었다구.
오늘 아침 눈을 뜨면서 살짝 기대해. 어제 아침처럼 몸과 마음이 말끔하기를
말이야. 근데 어제만큼의 몸 상태는 아니었어도. 마음은 개운한 느낌이었어.
일어나자마자 나의 몸과 마음을 살피는 일이 이렇게 기분 좋을 줄이야!

다른 날과 크게 다르지 않았던 오늘.
쨍하고 뜨거운 햇빛이 짜증스러웠기 보다는
이 강렬한 빛을 때문에 오늘도 기분좋게 보냈다.
열심히 흐물흐물하게 하루를 보냈지만
이상하게 중간중간 공허한, 이상한 죄책감이 들었지만
그 감정이 기분까지 망치거나 영향을 주지는 않았다.
이유없는 찝찝한 기분도 부정할 수는 없지만
그래도 기특하게 생각 하고 잠들고 싶다.

나는 불안할때마다 뭐요 뭐라도 해야한다. 요리·설거지·운동놀기,
핸드폰, 머밍, 콰나 등... 나의 불안의 시작은 무엇일까? 멍하게 있는게
왜 어려울까? 디톡스를 하며 몸만 날씬게 보다 마음도 살펴보자.
난 왜 끊임없이 뭘 하지 않으면 불안한지... 가만히 있지
싫어하지... 생각해보자!!!

감정을 들여다 보는 일이 에너지가 필요한 일이라는 걸 알았다.
그 동안 나에게 관심을 가져주는 일에 소홀했던 터라
뭔가 신경을 쓰고, 시간을 기울여야 나의 감정을 알아차릴 수 있다.
조금씩 자연스럽게 되어가는 중이다.

내 감정을 알아채나면 그 감정이 어떠했는지, 왜 이 감정을 느끼는지
생각하게 된다.
부정적인 감정은 피하고만 싶었는데 요즘은 직면하려고 한다.
생각보다 두렵지 않다.

6.18   아침 8:43   배경 기분: 맑음. 작은 잔잔함.

늘 인내심이 부족한 아침시간. 심호흡을 한다.
내 하루의 시작이 중요하듯, 나의 아이들, 남편의 아침도 존중해 줄 것.
그들의 기분, 텐션을 존중해 줄 것. 감정을 적어내며, 내 상황을 체크하면서
불편한 불안과 분노를 걷어내는 것에 대한 필요와 중요함을 깨닫게 된다.
그것이 나뿐만 아니라, 우리 가족들에게도 좋은 영향을 줄 수 있음에.
영상상승이 끌어나더라도 이어가자 다짐해나본다.
아침이다. 내게 주신 귀한 하루. 세상이 들려주는 소리에
그저 즐거워하는 모습을 본받고 싶다.

불안을 자세히 들여다보면
그 안에는 사랑이 숨어 있다.

물론 아이를 향한 사랑도 있지만,
한편에는 나 자신을
사랑하는 마음도 있다.

자아와 자식 사이에서
초라해지는 나를 지키고 싶은 마음,
나를 다독이고 싶은 사랑이
그 안에 있다.

Chapter 2

불안을 정리할 서랍을 샀다

불안
삼대

전지민

　아보카도 씨앗을 그냥 물에 담가놓기만 했는데 어느새 산삼 같은 뿌리가 나고 짙고 보드라운 잎이 무성하게 돋아났다. 그것도 한겨울에 말이다. 그간 씨앗의 사정은 알 길 없지만 부단히 태어나려고 노력했을 것이다. 늘 담가만 두다가 무소식이 지겨워 발아하지 않은 씨를 버리기 일쑤였는데, 이번엔 작정한 듯 기세 좋게 줄기를 올리고 있었다. 실패를 경험 삼아 조금 힘을 빼고 무심함과 적당한 게으름으로 임한 게 통했나 보다. 게으름을 작정하는 건 힘든 일이었다. 마음을 갖지 않기로 하는 건 생각하지 않겠다고 결심하는 것처럼 아주 힘든 일이었지만 나는 결국 아보카도와 밀당을 잘해냈다. 아보카도 새순을 보고 있으니 겨우내 집 안에서 지지고 볶으며 커가는 아이들을 닮았다. 적당한 관심과 믿음, 공기 같은 사랑, 이런 기본 조건만으로도 아이들은 충분히 잘 자란다. 그걸 왜 늘 잊고 조바심을 낼까.

친정엄마에게 아보카도 발아를 자랑했다. 엄마는 자신도 한번 키워보고 싶었다며 경주에 내려올 때 싹이 난 아보카도를 분양해 달라고 했다. 그렇게 발아한 아보카도를 들고, 아보카도처럼 줄기를 쑥쑥 올리고 있는 아이들 손을 잡고 경주에 다녀왔다. 경주 할머니 집에 들어가기 전 나는 대개의 부모들처럼 예의 있게 행동하라는 말을 잊지 않았다. 그러나 내 잔소리가 무색하게도 첫째 아이는 할머니를 보자마자 까칠함을 여실히 드러냈다. 쑥스러운지 인사도 하는 둥 마는 둥, 질문에도 퉁명스럽게 답했다. 먼저 달려가 와락 품에 안기던 손녀는 온데간데없고, 막 태어난 고라니 새끼처럼 뻣뻣한 소녀만 멀뚱히 서 있었다. 그런 손녀를 보며 친정 부모님은 연신 괜찮다며 두둔했다. 그저 손녀의 마른 몸이 안쓰럽다며 메뉴 고민만 늘어놓으셨다.

"괜찮다. 우리 나은이 크는 과정이니까 나무라지 마라. 나은이 괜찮다!"

손녀 앞에서 한없이 다정하고 상냥한 할머니. 그런 엄마를 볼 때마다 나는 자꾸 반항심이 생겼다. 손녀를 향한 엄마의 사랑이 불편했다. 내가 받아보지 못한 너그럽고 따뜻한 사랑에 샘이 나는 걸까, 아니면 엄마의 사랑 표현에 내가 익숙하지 않은 걸까. 어색하고 낯설었다.

불혹을 눈앞에 두고도 아직도 부모에게 반항심이 올라온다. 특히 내 육아 방식을 두고 감 놔라 배 놔라 할 때면 짜증, 분노, 억울함이 섞여 한 번에 올라온다. 그래서 유독 친정에선 아이에게 화도 잘 올라왔다. 친정집에만 가면 내 감정은 흙탕물이 되고 만다. 처음엔 불쑥 튀어나오는 나의 부정적인 감정 때문에 가족들도 당황하고 나도 놀랐다. 예상치 못한 전개로 분위기는 가라앉고 어두워지기도 했다. 내 나이에 부모에게 안 맞고 자란 자식이 얼마나 되겠냐마는 나만큼 맞았다는 사람도 드물었다. '억울함.' 이게 내 반항심 속 가장 크게 자리한 감정이었다. 온몸이 멍이 들도록 맞은 날도 있었다. 어떤 날은 발가벗겨져 쫓겨나기도 했다. 열두 살 어느 여름날에는 소나기가 온다며 빨래를 걷어오라고 옥상으로 내몰린 적도 있었다. 심지어 샤워 중이었는데도 말이다. 그때의 부모는 무지했고, 나는 무서웠다. 그러니 내 정서에 문제가 생길 때마다 결국 그 기원을 거기서 찾게 됐다. 부모를 원망하지 않을 도리가 없었다. 하지만 원망이 커질수록 죄책감도 함께 커졌고, 나는 그 사이에서 괴롭고 혼란스러웠다.

아이의 방학이면 빠짐없이 친정을 찾았다. 공식적으로는 방학 기념 외갓집 방문이었지만 사실은 전지민 마음 풀이를 위한 방학이었다. 아이를 재운 후 밤마다 용기 내 엄마 방으로 찾아갔다. 드라마도 같이 보고 요즘 사는 이야기도 나누다 결국 끝에는 옛이야기를 늘어놓았다. 유년의 아픔을 내가 슬며시 고백하면 엄마는 고분고분 사과를 하기도 했고, 어떤 날은 오히려 변명과 분노로 답하기도 했다. 사과는 할 만큼 했으니까 이제 그만 이야기해도 되지 않겠냐며 말이다. 그렇게 꿋꿋하게 방학마다 엄마를 보러 가는 징한 나는 밉다 밉다 하면서도 미운 엄마가 해준 밥은 배가 터지도록 먹고 돌아왔다. 엄마는 나를 다시 키워보려 애썼지만, 나는 좀처럼 쉽게 발아되지 않는 딱딱한 씨앗이었다.

어느 해 여름방학에는 여동생과 함께 친정에 갔다. 육아 상담 방송을 같이 보면서 이야기를 주고받다가 엄마의 잔소리가 이어졌다.

"나은이한테 잘해라. 너는 배운 사람이니까 나랑 달라야지!"

틀린 말은 아니었지만 엄마의 잔소리가 내겐 힘이 없었다. 우리를 지켜보던 동생이 참다못해 농을 쳤다.

"잘~한다, 잘해! 콩가루 집안! 더 싸워라, 잘 싸우네!"

우리는 막내의 능글맞음에 웃음을 터뜨렸다.

"엄마! 언니가 아프다고 하면 계속 사과해 줘! 지쳐 나가떨어질 때까지 미안하다고 백 번 천 번 말해 주라. 그리고 언니! 지겹지도 않아? 이제 그만 언니 자신을 편안하게 놔줘라. 미워하는 것도 얼마나 힘든 일인데! 이제 그만 편하게 살아. 자, 둘이 손잡고 내 앞에서 악수하고 서로 안아줘!"

우리는 막내 앞에서 눈물을 뚝뚝 흘리며 서로를 어색하게 끌어안았다.

"지민이가 어릴 때 엄마한테 많이 혼나고 맞았지. 아

홉 살 땐 나은이보다 훨씬 더 말라깽이였어. 눈은 왕방울만 해서 볼 때마다 애처로웠는데, 너를 때릴 데가 어딨다고 그렇게 잔인하게 때렸을까? 어린 지민이에게 너무 미안하다. 내가 미쳤었나 봐. 앞으로 살아가면서 죽을 때까지 빌고 또 빌게."

부모의 어떤 훈계에도 "아니요"라고 말해 본 적이 없었다. 그런 내가 작정한 '반항' 프로젝트는 아주 큰 용기가 필요한 일이었다. 무수한 원망을 엄마에게 퍼붓고 퍼부으며 찾아온 변화는 사실 극적이진 않았다. 갑자기 부모를 향한 사랑이 넘쳐흐른다거나 씻은 듯 불안이 사라지거나 하진 않았다. 그러나 더 이상 나는 부정적 감정에 갇힌 나를 그대로 두고 보지 않게 되었다. 용기를 내어 내 감정을 안아주는 순간, 나의 불안은 다른 불안을 위로할 수 있게 되었다. 내 유년은 이러했는데, 당신의 유년은 어떠했냐고 물을 수 있었다.

엄마 마음에도
서랍이 필요해

문은영

그날은 '이불안 여자들'의 두 번째 모임이었다. 우리는 사라지는 감정들에 대해 이야기했다. 감정은 사라지는 게 아니라 말하지 못한 채 눌려 있다가 어디론가 스며든다. 말끝에 남거나, 표정에 묻어나거나, 어느 날 행동으로 툭 튀어나온다. 감정은 순간이 지나면 사라진다고 쉽게 생각하지만, 그렇지 않다. 해소되지 못한 감정은 차곡차곡 쌓여 나를 만들고, 결국 관계가 된다. 그날 우리는 그렇게 묻혀 있는 감정을 한번 모아보기로 했다. 먼저 눈을 감고 오늘 하루 동안 했던 말을 조용히 떠올려보았다. 말은 감정을 담는 그릇이니까, 되짚어 보면 감정이 따라

올 줄 알았다. 하지만 그럴 리가! 우리가 그날 했던 말 중 감정을 표현한 말은 생각보다 적었다. "얼른 이 닦자." "아침 먹어." "오늘은 추우니까 두꺼운 점퍼 입어야 해. 학교 잘 다녀와." 아이를 돌보는 안내 방송처럼 익숙하고 반복적인 말이 대부분이었다.

우리는 감정을 모으고 이름을 붙였다. 논문에서 발췌한 감정 단어들은 종이 네 장을 빼곡하게 채울 정도였다. 몇몇은 익숙했고, 몇몇은 낯설었다. 단어의 사전적 의미는 변함이 없겠지만, 나에게는 계속 변하는 단어도 있었다. '분노하다'라는 단어가 그랬다. 상담 중 자주 듣는 말이 떠올랐다. "저는 제가 이렇게 화가 많은 사람인지 몰랐어요." 아이를 키우다 보면 나도 몰랐던 내 감정의 바닥을 마주하게 된다. 감정의 밑바닥은 늘 뜻밖의 얼굴을 하고 나타난다. 저 아래 내가 몰랐던 바닥을 본 날은 한없이 가라앉고 만다. 우리는 그날, 화 뒤에 숨어 있던 감정도 하나씩 꺼내 보았다. 피곤하고 지친 마음이 뒤엉켜 화를 키우기도 했고, 서운하고 속상한 마음이 화로 터지기도 했다. 분노는 그 감정들이 차곡차곡 쌓여 터지는 순간, 눌리는 마지막 단추 같았다. 다른 한편에는 '감탄하다'라는 단어도 있었다. 아이의 처음을 수없이 마주하던 시절, 우리는 감탄 전문가였다. 옹알이하며 눈을 맞추고, 이유식 한 그릇을 뚝딱 비우고, 심지어 똥을 예쁘게 싸도 감탄했다. 살면서 남의 똥을 보고 감탄할 줄 누가 알았을까! '불안하다'의 정의도 저마다 달랐다. 아이가 넘어질 것 같을 때, 남편이 연락 없이 늦을 때, 놀이터에서 혼자 노는 아이를 볼 때, "학교 가기 싫어"라는 아이의 말끝에 각자의 불안이 저마다의 장면으로 피어올랐다.

그렇게 다양한 감정이 스치듯 지나간 하루의 끝, 내게 남아 있는 감정은 무엇일까. 우리는 하루 동안 수많은 감정을 마주치지만, '분노', '수치', '행복'처럼 강한 감정 몇 가지만 겨우 기억에 남는다. 나머지는 그냥 스쳐 지나간다. 대부분은 이름조차 붙이지 못한 채 흘러간다. 그래서 감정에 이름을 붙이는 일은 마음을 단정하게 만든다. 마음속 서랍 하나가 정리되는 기분이 든다. 아이 등원 후 마시는 커피 한 잔의 기쁨, 책을 한 줄씩 읽어 내려갈 때의 뿌듯함, 좋아하는 노래를 틀고 잠시 눈을 감았을 때의 노곤함. 이 감정들에도 다 이름이 있다. '개운하다', '뿌듯하다', '노곤하다'처럼. 감정을 알아차린다는 건 몸에 힘

딱 주고 본격적으로 해야 하는 일이 아니다. 그냥, 한 번 더 물어보는 거다. '내가 왜 그랬을까?' 대신 '그때 나는 어떤 기분이었지?' 하고 물으면 된다. 답이 바로 나오지 않아도 괜찮다. 훅 지나가는 감정을 다시 한번 알은체해 주는 걸로 충분하다.

조각 케이크를 모아 홀 케이크를 만들면 사이사이 틈이 생기듯, 엄마들의 시간도 조각난 순간들의 연속이다. 아이와 남편이 썰물처럼 빠져나간 자리를 정리하고 돌아서면 금세 아이들이 밀물처럼 돌아올 시간이 된다. 학원에 들락거리는 아이를 챙기고 저녁을 준비하다 보면 하루가 훌쩍 지나간다. 일을 하는 엄마라고 해서 크게 다르지 않다. 프리랜서 엄마는 아이가 없는 시간에 일을 몰아 하고, 출퇴근하는 엄마는 아침마다 아이를 후다닥 보내고 퇴근 후엔 또 다른 하루를 시작한다. 그렇게 조각난 시간이 차곡차곡 쌓여 하루가 된다. 그 조각들 사이 틈으로 내 감정이 닳아 사라지지 않게 내 마음도 들여다보고 다독여야 한다. 감정은 반드시 큰 사건만으로 생기는 건 아니다. 아무도 보지 않을 때 내뱉는 한숨에도, 설거지를 하다 말고 괜히 음악을 트는 손끝에도 감정은 있다. 스쳐 지나가는 감정을 놓치지 않으려면 잠깐 멈춰야 한다. 아주 짧은 틈이라도 그때 내 마음을 들여다보는 연습이 필요하다. 지금 어떤 감정이 스쳐가고 있는지, 그 감정을 붙잡고 싶은지, 그냥 흘려보내고 싶은지 그건 나만 안다. 내 감정을 내가 외면할 때, 감정은 쌓여 있다가 전혀 엉뚱한 모습으로 터진다. 그러니까 애먼 데서 터지기 전에 내가 먼저 꺼내 주고 들여다봐야 한다. 마음을 스친 감정에 이름을 붙이고 알은체해 주는 것만으로도, 스스로에게 더 다정해질 수 있다.

나만의 감정 사전을
만듭니다

방법은 조금씩 다르겠지만 아이의 감정을 잘 읽어주는 일은 양육의 기본 지침처럼 여겨지곤 합니다. 하지만 막상 아이의 감정을 읽어주려 하면 입이 잘 떨어지지 않을 때가 많습니다. 처음 영어 회화를 배울 때처럼, 익숙하지 않은 말들로 문장을 만드는 건 때로 서툴고 막막하게 느껴집니다. "아임 파인 땡큐!"만 술술 나오던 시절처럼, "기쁘구나", "속상하구나", "화가 났구나", "슬프구나" 이 몇 마디 말고는 감정을 표현할 단어가 잘 떠오르지 않을 때도 있습니다.

영어 회화도 연습을 거듭하면 입이 열리듯, 감정의 언어도 자꾸 쓰다 보면 조금씩 입에 익고 마음에 익게 됩니다. 경험이 없다면 새로 만들어 가면 되고, 단어를 모른다면 하나씩 배워가면 됩니다. 오늘부터 감정을 수집하고 이름을 붙여보세요. 이름을 붙여준 감정은 막연함에서 벗어나 조금 더 선명하게 다가올 거예요. 내가 내 감정을 읽어줄 수 있을 때, 타인의 감정도 좀 더 여유로운 마음으로 바라볼 수 있습니다. 물론 아이의 마음에도 조금 더 가까워질 거예요.

- 오늘 하루 느낀 감정을 떠올려보고 하나씩 적어보세요.
- 오늘 했던 말 중에서 내 감정을 직접적으로 표현한 말이 있었나요?
- 표현하지 못하고 넘어간 감정이 있다면 무엇이었나요?

오늘 느낀 감정에 이름을 붙이고
나만의 정의를 적어두면 하나뿐인
감정 사전이 됩니다. 아이와 함께
우리 집만의 감정 사전을 만들어
보는 것도 좋은 기록이 됩니다.
같은 감정 단어의 정의도 나와
아이에게 어떻게 다른지 알게 되면
서로 더 가까워질 수 있으니까요.

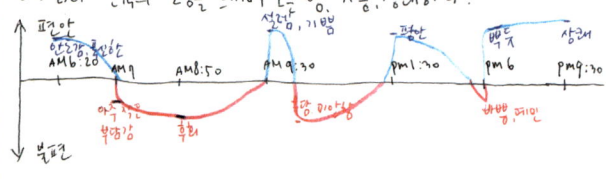

원래 사려던 식물을 가지러 갔는데 (설렘), 여러 식물을 보다가
마음에 드는 아이를 발견했다 (기쁨) 가격이 조금 비싸서 (부담) 이 되었고.
이번달 절약해보기로 했던거라 약속에서 미안해졌지만, 결국엔 사버렸다. (미안함)
신랑에게 미안한 마음이 들었지만, 집에 놓여있는 모습을 보니 기쁨이 컸다.
초록도 하나의 색이 아니라, 너무나 다양하다, 내가 좋아하는 식물들을
보니 평화롭다. 회사를 마치고 돌아온 남편과 바톤터치하러 운동을
가야해서 그전에 애들 먹이고, 씻기고 식혜에게 먹고, 놀이터 까지 들러야!
부지하연써도 정신이 없다. 그래도 같안에 저녁 운동을 마치고 적당한
긴장감과 근육의 쫄임을 느끼며 온 밤. 기쁨:상쾌하다.

편안
안도감,차분함
AM6:20 AM9   AM8:50   설렘,기쁨   평안   뿌듯 상쾌
                        AM9:30   PM1:30   PM6 PM9:30

약간의   약간 미안함   빠빠 메인
부담감   후회

불편

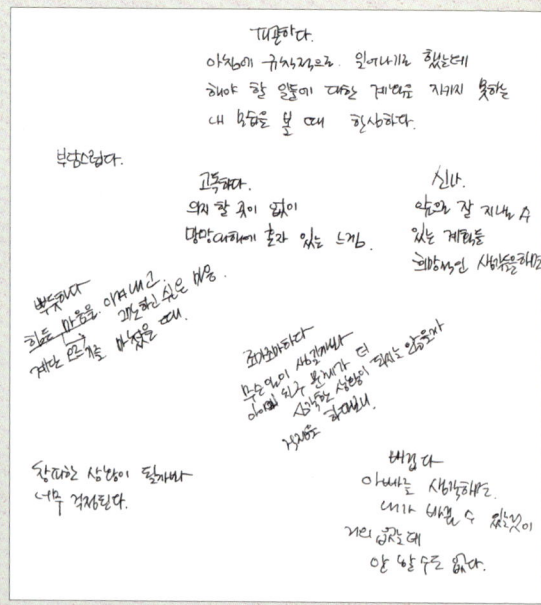

떳떳하다.
아침에 규칙적으로 일어나려고 했는데
해야 할 일들의 대충 계획조차 지키지 못하는
내 모습을 볼 때 한심하다.

부끄러웠다.

고독해다.
의지 할 곳이 없이
막막하게(망망대해에) 혼자 있는 느낌.

신나.
앞으로 잘 지낼 수
있는 계획들을
계향상연 사람들은해요

뿌듯하다
하고 싶은 일들을 이뤄내고
제대로 큰게는 방냈을 때.

초조해하다
마음이 새까메서
어째 하자 흔거나 더
상황을 상황의 제되는 얅음과
거의에 잊었...

창피하고 상황이 될까봐
너무 걱정된다.

버렸다
아빠는 사랑했고
내가 바꿀 수 있었으이
거의 없으... 때
알 방수도 없다.

불안해 - 내가 해결하지 못하는 상황에서
　　　　이유 없이 생길지 불안해

감사해 - 있는 그대로의 엄마를 사랑해 라고
　　　　말해주는 아이에게 고맙긴 감사해

뿐노 서운해 - 나의 현재 불안과 거절을 이해해주지
　　　　못하는 남편에게 뿐노. 서운해

미안하다 - 불안한 엄마라서 널 못다독주는거
　　　　같아 미안하다

혼란스럽다 - 육아의 정답이란 무엇인지
　　　또난다 내 아이를 위한 답을 몰라서
　　　혼란스러워. 또다.

뭉클하다 - 잠들기 전 이야기 너머랑 함께 있어서
　　　같이 시간을 많이 보내서 좋았다 라고
　　　말해주어 뭉클했다

됩하다 - 아이의 상황에 따라 나의 감정이
　　　됩났었다

꾸덕들다 - 또 안좋은 상황이 내덕덮인것 같아서
　　　꾸덕든다

고립감 - 아이도, 저도, 꾸변에게 친구가 없어서

울컥하다　남편이 나중주에 회식을 한다고 통보하고, 그 날짜가 다가를때의
　　　　마음

공허하다　긴 시간 마음다해 작업한 결과물들이 한 순간에 묻어졌을 때의 마음

불안하다　남편이 회식하고 들어오기를 기다리는 마음

화출난다　남편이 회식한다고 할때의 마음

답답하다　작업을 해야하는데 당장 할수 없는 상황일 때의 마음

지친다

편안하다　모든 목표작업을 끝내고, 씻고 누웠을때의 마음

안도감　시안을 마치고 미팅 후에 마음에 든다는 말을 들었을때의 마음

행복하다 ⌈ 세 식구가 같이 여행을 떠나는 그 순간의 마음
기분이 좋다 ⌊ 하루가 친구들과 노는 모습을 볼 때의 마음
　　　좋아하는 친구와 수다를 멸 때 하고싶은말을 쏟아낼때의 마음

뿌듯하다　목표했던 일 분량을 모두 끝냈을 때의 마음

재있다　하고 싶은 작업이 내 인대로 흘러갈 때의 마음

설렌다　공항으로 떠날 때의 마음

뭉근하다
하루 일과를 마치고 돌아온 승현이 현관 앞에서 꼬옥 안아줄 때의 마음.

"오늘 하루도 수고 많았어요."

평화롭다
내 삶은 대체로 평화롭다.

얄밉다
아니, 이렇게 쳐 서 있는 거 안 보여?
새치기를 하다니 정말 얄밉네.
한 시간 동안 기다리는데
슬그머니 새치기 하는 사람을
봤을 때.

머쓱하다
나만 반가웠나? 머쓱하네...
반갑게 인사했는데
상대는 시큰둥 할때.

슬프다
나 자신이 작아지는 것 같은 날
나는 너무 슬퍼.
한 몫이 우울하고, 무릎팍이 땅을 파는 날에.

가엽다
버려지거나 이용당하는 동물들을
바라 볼 때의 나의 마음.

설레다
도서관 신간 서가열에 섰을 때의 마음.
오늘은 어떤 책이 들어와 있을까
두근두근.

차분함
아이에게 필요할 듯한 마음 ㅋㅋㅋ
아인아. 마음을 차분히 해 보렴!

두려움
어쩌면
모든 것이 잘 되기를
바라는 마음이 만든 것.
실패하면 어쩌지
거절 당하면 어쩌지
두려운 마음이 들어.

괜찮다
나에게. 아인에게 해 주고 싶은 말.
이 정도로 충분해. 괜찮아.

그리움
많이 보고싶고 곁에 있고 싶은 마음.　　그 시절이
슬픔보다는 오히려 마음이 따뜻한 느낌.　그리움...

밉다 밉다 하면서도 미운 엄마가
해준 밥은 배가 터지도록 먹고 돌아왔다.
엄마는 나를 다시 키워보려 애썼지만,
나는 좀처럼 쉽게 발아되지 않는 씨앗이었다.

갑자기 부모를 향한 사랑이 넘쳐흐른다거나
씻은 듯 불안이 사라지거나 하진 않았다.

그러나 더 이상 나는
부정적 감정에 갇힌 나를 그대로
두고 보지 않게 되었다. 용기를 내어
내 감정을 안아주는 순간, 나의 불안은
다른 불안을 위로할 수 있게 되었다.

내 유년은 이러했는데,
당신의 유년은 어떠했냐고 물을 수 있었다.

Chapter 3

이제, 내가 나를 안아줄게

분홍색 크록스와
종이 인형을 선물합니다

전지민 👓

    친정엄마가 계신 경주로 내려가 일 년 동안 살 때, 아이들이 부쩍 자랐다. 첫째는 경주에서 유치원을 졸업했고, 둘째는 걸음마를 시작했다. 떠날 즈음엔 달리기도 곧잘 하게 되었다. 작대기를 물에 꽂아만 두어도 싹이 오른다는 봄에, 그것도 할머니 밥을 먹는 손주들이 크지 않을 요량이 있을까. 우후죽순 올라오는 아이의 이를 보며 엄마는 더 열심히 밥을 지어 먹였다. 춘천에서 경주까지 자주 오갈 수 없어 그동안 받지 못했던 도움과 사랑을 일 년 동안 몰아 받았다. 입원을 할지, 엄마 곁에서 치유의 시간을 보낼지 가족들과 고민하던 그때, 엄마는 고민 없이 나를 소환했다. 같은 아파트, 같은 동, 다른 라인에 월 셋집이 나왔다며 집을 계약하고 우리를 이사시켰다. 엄마 집은 첫째 라인, 우리 집은 끝 라인에 위치했는데 우리 모녀는 일 년 동안 오작교처럼 1과 8 사이 중간 라인에서 자주 만났다. 구운 가자미도 받아오고 삶은 닭도 받아오고 감자채볶음 같은 제철 반찬도 끊임없이 오갔다. 우리는 엄마 밥을 제비 새끼처럼 받아먹었다. 엄마의 오래된 냄비와 반찬그릇이 훤한 아침 해를 받으며 부지런히 오갈 때, 5라인 앞 벤치에 앉아 있던 어르신들이 혀를 내둘렀다.

"자식이 참 무섭재."

자식은 정말 무서운 존재였다. 엄마 밥을 얻어먹으면서도 나는 엄마랑 자주 티격태격했다. 밤이면 고생한 부모보다 하루가 다르게 팔다리가 쭉쭉 늘어나는 내 딸한테만 눈이 갔다. 엄마의 주름이 깊어지고 나잇살이 오르는 건 외면했다. 어쩌다 엄마의 수고를 덜어주고 싶어 배달 음식을 주문하면 엄마는 그마저도 다시 내 밥그릇에 넣어주었다. 고맙기도, 쑥스럽기도 해서 다시 권하지 않고 얼른 내 입에 집어 넣었다. 엄마 밥을 아이들과 공평하게 나눠 먹었다. 그때부터였을까. 엄마 밥은 먹어도 살 안 찐다는 친정엄마의 진언처럼 나의 불안도 살과 함께 쭉쭉 빠지기 시작했다. 나는 아이들과 다시 자랐다.

경주에 사는 동안 여동생에게 '미경 씨가 오늘은 말이야~' 하고 매일 일러바치기 바빴다. 우리 집 '미경' 씨는 이름도 외모만큼이나 예뻤는데, '아름다운 서울'이라는 뜻이라고 했다. 그녀는 이름처럼 서울 근교에서 나고 자랐으며, 시인이던 아버지의 무릎 위에서 밥을 먹던 깍쟁이 얼음공주였다. 미경 씨는 국문과 교수가 꿈이던 문학 소녀였다. 아버지 무릎 위에 앉아 발라주는 생선을 곱게 받아먹던 유복한 집의 외동딸이었다. 그녀가 나은이만 한 나이였을 때 나의 할아버지이자 그녀의 아버지가 갑자기 세상을 떠났다. 엄마의 무쇠 지붕이 날아가 버린 것이다. 남동생 셋을 둔 미경 씨는 하루아침에 살림 밑천 맏이가 되었다. 가장이 된 할머니는 밀려오는 상실감과 좌절, 불안과 우울을 어린 딸과 나누었다. 사 남매 중에서 가장 똑똑하고 공부를 좋아했던 미경 씨는 남동생들에게 배움의 자리도 양보했다. 나의 할머니는 동네에서도 알아주던 별난 새댁이었다고 한다. 개구쟁이 아들 셋의

빨랫감을 겨울에도 얼음물로 깨끗이 빨아 입히고 항상 아이 넷을 멀끔하게 씻기고 닦였단다. 아마도 '아비 없는 자식'이란 소리를 안 듣게 하려는 그녀의 노력이었으리라. 할머니의 청소 강박은 그때부터였다고 한다. 먼지 한 톨 없는 부엌과 골방, 그리고 양은 칠이 벗겨지도록 설거지를 해야 직성이 풀리는 할머니의 기질은 엄마에게도 대물림됐다.

할머니는 밀려드는 불안과 우울, 몸으로 드러나는 증상을 끝내 견디지 못했고 무병(巫病)이라 믿으며 결국 법당까지 차리셨다. 종이 인형 하나 없던 어린 딸이 직접 종이에 그려 오리고 놀던 모습을 본 할머니는 귀신 붙는다며 박박 찢어 버렸다고 했다. 인형놀이는 고사하고 그림을 그리는 것도, 집에 친구가 오는 것도 반기지 않으셨단다. 사 남매를 혼자 키우던 할머니의 맘도 모를 바는 아니지만 엄마의 유년 시절 이야기를 들으면 가슴이 답답했다. 할머니의 양육 무기는 '불안'이었다. 귀신, 도깨비, 불운의 사고에 빗대어 자식들을 당신이 생각하는 안전지대 안에서만 키웠다. 엄마는 그렇게 미경이라는 이름으로 온전히 살아보지 못한 채 첫 연애를 했고, 덜컥 나를 가졌다. 미경 씨의 최초이자 최고의 반항이었다. 부모로부터 독립을 고대했던 엄마는 온전한 나 자신, 미경 씨로 한번 살아보지도 못한 채 곧바로 누군가의 '부모'가 되었다. 책임져야 할 대상만 달라졌을 뿐 미경 씨는 늘 마음이 무겁거나 불안하거나 바빴다. 그녀는 남동생들에게 "야!"라고 불러본 적도, 때리고 싸운 적도 없는 착한 누나였다. 내가 삼촌들 앞에서 엄마 흉을 조금이라도 볼라치면 삼촌들은 괜한 말 말라고 고개를 저었다. 할머니의 예민함과 불안함을 사포질해 주면서 할머니의 불안을 오롯이 먹고 자란 엄마는 지금도 80대 할머니와 길을 만들어가고 있다. 동생들을 대신하는 게 아니라 '내가 그러고 싶어서'라고 말하는 엄마의 책임감은 맏이의 숙명인 걸까, 타고난 걸까. 첫째와 부모가 치열하게 닦은 길 뒤로 동생들은 조금 수월하게 걸어온다. 첫째를 통과하며 적당히 식은 부모의 사랑과 열정은 동생들에겐 적절한 온도가 된다. 부모의 미숙한 사랑과 불안을 견뎌내는 건 맏이의 숙명일지도 모른다. 나의 첫째 나은이와 할머니의 첫째 미경 씨가 나란히 걸어가는 모습을 보면 가슴이 아릿해져 온다.

우리 집에 놀러 와 아이들의 귀여운 장난감을 부러워하고, 나은이의 빨간 원피스를 진심으로 입고 싶어 하던 엄마를 비로소 이해하게 되었다.

"엄마는 할머니 원망한 적 없어?"

"내 부몬데, 나를 낳아준 엄마인데 뭘 원망해. 이젠 나이도 먹을 만큼 먹었는데 할머니 이겨먹어서 뭐 하니. 나 좋자고, 나중에 내 맘 편해지려고 조금이라도 더 잘하려는 거지 뭐."

불안한 할머니, 불안한 엄마, 불안한 나. 이렇게 전통 있는 불안 가족의 역사라니! 내 불안의 기원을 들춰보고 나니 더 이상 불안이 무섭지만은 않다. 엄마의 유년을 위로하다 보면 할머니의 불안도 조금은 이해하게 된다. 불안의 역사 속에 있는 나 또한 응원한다.

다음 해 봄, 나는 경주살이를 마무리했다. 꼬박 일 년을 살아낸 나는 이별 선물로 나이 예순의 친정엄마에게 키티 지비츠가 잔뜩 달린 분홍색 크록스와 그 옛날 종이인형 놀이책을 선물했다. 엄마는 조금 부끄러워했지만, 아이처럼 기뻐했다. 미경 씨는 개나리처럼 수줍고 노랗게 웃었다.

지금의 내가
그때의 나를
안아준다면

문은영 👧

아이를 키우다 보면 거울을 보듯 어린 나를 마주할 때가 있다. 내가 받지 못했던 걸 아이에게 주고 싶어서 애쓴다. 때로는 너무 애쓰다 보니 아이의 작은 말에도 마음이 툭 꺾인다. 어느 날은 어릴 때 혼났던 그대로 나도 모르게 아이를 혼낸다. 속이 쓰리다. 예전에 주눅 들었던 내 마음이 아직 거기 있어서 그런지 모른다. 심리학에서는 그 아이를 '내면 아이'라고 부른다. 어린 시절의 감정과 기억이 지금의 내 안에 여전히 살아 있다는 뜻이다. 육아를 하다 보면 그 시절의 아이가 툭 튀어나올 때가 있다. 아무 일 아닌 말에 울컥하고, 별일 아닌 일에 큰 소리를 내고, 돌아서서 아차 싶은 순간. 그건 어쩌면 어린 내가 받지 못했던 사랑이나 받지 말아야 했던 상처에서 비롯된 불안일지도 모른다.

'이불안 여자들'이 네 번째 만난 날, 그날은 내 안의 작은 아이를 만나기로 마음먹었다. 다른 날보다 단단한 마음이었다. 잊었다고 생각했던 작은 나를 찾는 일은 생각만큼 어렵지도, 그렇다고 쉽지도 않았다. 깊이 묻어두었다고 믿었던 그 아이는 막상 꺼내려 하자 바로 곁에 있었다. 누구나 자라면서 사랑받아야 할 순간에 사랑받지 못한 기억이 있고, 상처받지 말아야 할 순간에 상처받은 기억이 있다. '나는 충분히 사랑받았을까? 나는 충분히 위로받았을까?' 이 질문에 망설임 없이 '그렇다'고 답할 수 있는 사람이 있다면 참 부러운 일이다. 돌이켜보면 어린아이가 감당하기 어려운 순간은 누구에게나 하나씩 남아 있을 테니 말이다. 어른이 된 지금도 여전히 우리 안에는 그때의 아이가 남아 있다.

상담을 하다 보면 간혹 "저는 평범하게 살아서 그런 건 없어요"라고 말하는 분도 있다. 그럴 때는 의자를 조금 더 바짝 당기고 몸을 기울여 가까이 다가간다. 천천히 더 깊이 들어야 하는 경우다. 넘어져서 까진 상처쯤은 혼자 극복할 수 있다고 여기며, 팔이 부러지거나 입원한 경험처럼 대단한 상처만 의미 있다고 여기는 걸 수도 있다. 작아도 상처는 상처다. 꼭 거대한 상처만이 우리를 흔드는 건 아니다. 부모만 결핍과 상처를 주는 것도 아니다. 친구, 연인, 선생님…. 어떤 관계든 그 시절의 나를 아프게 한 사람이 있을 수 있다. 작은 생채기였을지라도 마음 한구석에 남아 있다면 그건 상처다.

우리는 눈을 감고 내 안의 작은 아이를 불러보았다. 내 이름이지만 다정히 불러주고 나니 왈칵 울음이 났다. 오래도록 떠올리지 않았던 장면 하나가 천천히 올라왔다. 우리는 그 아이에게 편지를 썼다. 엄마에게 사랑받고 싶었던 아이에게, 아빠의 기척에 숨죽였던 아이에게, 언니들의 말에 주눅 들었던 아이에게, 동생과의 비교 속에서 작아졌던 아이에게…. 기억하고 싶지 않아 꾹꾹 눌러 숨겨 둔 감정이었다. 심리학에서 말하는 '무의식' 안에 여전히 살아 있는 감정이다. 무의식은 가끔 엉뚱한 얼굴로 나타난다. 갑자기 터지는 화, 별것 아닌 말에 느닷없이 서운해지는 밤, 반복되는 나의 어떤 습관들. 그래서 우리는 작은 나를 다시 한번 만날 필요가 있다. 작고 불안한 그 아이는 단단하게 자란 지금의 나를 보지 못하지만, 나는 그 아이를 돌볼 수 있다. 어린 시절의 나에게 가닿아 그때의 감정을 안아주고 괜찮다고 말해 줄 수 있다. 어떤 일은 감정의 결까지도 또렷하게 기억된다는 걸 우리는 그날 알게 되었다. 아직 어렸던 내가 표현하지 못한 마음을 꺼내어 편지에 써 보냈다. 그날 우리는 편지를 읽으며 서로의 내면 아이를 만났다. 어떤 기억은 생생하게 되살아났다. 부끄러웠던 기억도, 말할 수 없을 것 같았던 기억도 실은 그렇게까지 숨길 일은 아니었다. 그래서 이제는 불안을 못 본 척 덮지 않기로 했다. 오히려 그 시작점에 가서 내가 나를 위로하기로 했다. 말하지 못한 마음에 말을 걸고, 감추었던 감정을 바라보고, 그 아이의 편이 되어주기로 했다. 그렇게 불안과 함께 오늘을 살아보기로 했다. 어쩌면 아직도 자라고 있는 그 아이와 함께.

어리고 여렸던 그 시절
나에게 편지를 씁니다

어린 나를 떠올리면, 어떤 내 모습이 보이나요? 학교에 들어가기 전의 천진한 얼굴일 수도 있고, 친구들 사이에서 살짝 긴장한 표정일 수도 있겠죠. 청소년 시절의 어딘가 어른스러워 보이지만 여전히 앳된 모습일지도 모릅니다. 그 누구도 모르는 나만 아는 어린 나의 얼굴을 떠올려 보세요. 엄마 앞에선 웃었지만 방 안에선 조용히 울던 아이, 친구들 앞에선 센 척했지만 집으로 돌아오는 길엔 고개를 푹 숙였던 아이, 사랑받고 싶었지만 아무 말도 못 했던 그때의 나. 이제 그 아이의 이름을 조용히 불러주세요. 처음엔 쑥스러울 수도 있어요. 하지만 내 이름을 불러주는 그 순간, 마음 깊은 곳에서 울컥하고 올라오는 감정이 분명히 느껴질 거예요. 그 감정은 아직도 내 안에 살아 있는 어린 나의 마음이 보내는 신호일지도 몰라요. 나만 알고 있는 안쓰럽고 짠하고 안아주고 싶은 그날의 어린 내가 여전히 내 마음에 있으니까요. 이제 그 어린아이에게 편지를 써보세요. 외로웠지, 무서웠지, 두려웠지, 화났지, 슬펐지. 어떤 감정이든 괜찮아요. 그 어린아이의 마음을 토닥이며 말해 주세요. "괜찮아. 너는 충분히 잘해냈어."

- 어린 나의 얼굴을 떠올렸을 때 느낀 첫 감정은 무엇인가요?
- 어린 나에게 가장 해주고 싶은 말은 무엇인가요?
- 편지를 다 쓰고 난 뒤 내 마음은 어땠나요?

7/11 "마음이 넓어지는, 너그러워지는"

어제 상담에서 어떤 날을 마주하는 내게, 그 시절의 슬픔이 생각나
슬픔 마음이 들었다. 그 시절의 나는 어쩌면 위로의 방법을 몰라서
방치 아닌 방치를 하게 된 것이라는 생각이 들었고. 안쓰러운
나의 어떤 시절을 안아주니. 지금의 내가 나에게 너그러워지는 기분이
들었다. 그리고 정말 많은 사람들이 아픔을 안고 살아가고 있음에
아픈 시절을 함께 걸어왔을 모두의 어떤 시절을 안아주고 싶었다.
오늘도 어제의 아픔이 잔잔하게 남아있다. 나 스스로에게.
나의 사랑하는 가족에게. 내가 존재하는 이들에게 힘이 되어주는
주변 사람들에게. 보다 더 너그러워지고 싶은 마음이다.
특히. 나 스스로에게.

어린 너는 아무런 힘이 없었어. 너는 사랑받고 따뜻 음식을
피우고 관심받고 안심하다고 느끼고 받았던 거야
네가 잘하는 걸 마음껏 보여주고 칭찬받고 싶었던 것
뿐이었고 늘 항상 정이 아니라 나를 따뜻하게
맞아주고 챙안심하게 안아줄 품이 필요했었던 거야
용돈 부리고 때를 쓰면 곁에 아무도 없을까봐
언제나 넌 감정을 아끼고 싫어도 그냥 참고 하는
아이가 되었지. 잘 할 수 있겠니, 엄마를 기쁘게
해줄게 공부뿐이라고 나의 자존감을, 어른에게 가족지
많기 위해 꿈들을 악착 같이 했던 너
배우는게 즐거움이 아닌 나를 증명하는 일이라
본 하루하루 치열했고 내 속을 보이고 싶어 하나
가질 수 없었지. 모두가 경쟁상대이고
나의 부족하고 작은 모습을 들키지 않으려
그렇게 텅 속으로 애정을 끊임없이 갈구하면서
겉으로 쿨한 척 지내온 거 같다

이제 한 아이의 엄마가 된 너는 아직도
네 생각과 마음을 제대로 모르는 건 같아
매 순간 결정이 버겁고 어느것이 맞는지
혼란스러운 너... 구변을 아직도 의심하기
바빠서 넌 너도 네 아이도 제대로 못보고
있는 것 같아! 네 안을 잘 들여다본다면 답이 있을거야

많이 안아줘.
따뜻하게 손을 잡아줘.
이제 괜찮다고
어린아이에게 매일 축복해줘도
된다고 말해주고 싶다.
나는 그저 어린아이였을 뿐.

나를 믿고 조금만 덜 불안해하고
조금만 덜 잘해야 한다고 생각하고
책임감은 더 내려두고 어른이 되어도 좋아.
지나고 보면. 난 온실속의 꽃처럼 살았구나 느낄거야.
있는 그대로 행복해하기만 하면 돼.
지금 생각하는, 태어나서부터 지금까지의
시간은 대체로 '행복'이야, 그러니 마음 놓고 행복하게만
생각해도 좋아.

✳✳ 어린 나에게 다정한 편지를 써봅니다

어린 나의 얼굴을 떠올리며 나직하게
이름을 불러주세요. 그때 느꼈던
감정이 떠오른다면, 천천히 꺼내어
글로 써보세요. 지금의 내가 그 아이에게
다정하게 말하듯 편지를 써보는 거예요.
그리고 나에게 다정히 읽어 주세요.

아이를 키우다 보면 거울을 보듯
어린 나를 마주할 때가 있다.

내가 받지 못했던 걸
아이에게 주고 싶어서 애쓴다.
육아를 하다 보면 그 시절의 아이가
툭 튀어나올 때가 있다.

아무 일 아닌 말에 울컥하고,
별일 아닌 일에 큰 소리를 내고,
돌아서서 아차 싶은 순간.

그건 어쩌면 어린 내가
받지 못했던 사랑이나
받지 말아야 했던 상처에서
비롯된 불안일지도 모른다.

Chapter 4

생각도 이별이 필요하다

생각의
장례식

전지민

최근 몇 번이나 휴대전화에 저장된 사진이 날아가거나 무한 부팅 상태에 돌입했다. 저장 공간을 미리미리 비우지 않아 결국은 탈이 난 것이다. 복구할 방법을 애써 찾지 않고 남편에게 "다 밀어버려!"라고 말했다. 싹 다 지운 후 다시 포맷을 하면 어떤 시간이 휴대전화에 쌓일지 모를 일이었다. 사실 벽돌이 된 휴대전화를 살릴 방도가 그것뿐이기도 했다. 정면 돌파! 휴대전화를 소생시킨 후 앨범을 열어보았는데 내가 가장 아팠던, 너무 아파서 떠올리기도 무섭고 바라보기도 어려운 2021년의 기록이 가득했다. 휴대전화가 그 시절로 돌아간 것이다.

산후풍과 공황장애가 전혀 나을 기미가 보이지 않아 경주 친정집에서 일 년을 살았을 때, 지푸라기라도 잡는 심정으로 명상 센터를 찾았었다. '혹시 이상한 곳이면 냅다 도망쳐야지'라는 각오로 센터에 들어섰다. 다행히 이상한 곳은 아니었다. 명상실에서 생각을 떠올리고 지우는 방법을 안내해 주고, 방문이 어려우면 온라인으로 명상에 집중할 수 있도록 도와준다고 했다.

"자, 우리 몸은 '사진기'랍니다. 순간이 사진에 남듯 기억은 몸에 남아 있지요. 괴로웠던, 행복했던, 슬펐던, 기뻤던 기억 모두 가리지 않고 저 태양 속으로 다 던져 태워봅니다."

'이게 말이야 방귀야?'

보이지 않는 생각을 어떻게 지운다는 것인가. '지워졌다'라고 생각한다고 진짜 생각이 지워질 리도 없지 않은가. 하지만 당시 나는 너무나 간절했기에 그저 시키는 대로 따라했다. 기억하지 못하는 유년 시절부터 가장 최근의 기억들까지 파노라마처럼 떠올렸다. 명상 선생님은 부정적인 기억이든 잊지 못할 행복한 기억이든 가리지 말고 전부 사진첩을 태우듯 저 뜨거운 태양 속으로 던져 버리라고 했다. 그게 끝이었다. 내가 제일 사랑하는 아이들의 행복한 모습이 떠올랐다. 아무리 생각이라고 해도 떠나보내기 힘들어 명상 중에 엉엉 울었다. 그러자 선생님은 마음속 사진을 지운다고 해서 실제로 아이가 사라지는 건 아니라며 괜찮다고 나를 진정시켰다. 그 명상의 원리가 도대체 무엇이었는지 아직도 잘 모르겠다. 하지만 그저 앉아서 눈을 감고 수많은 내 안의 이야기를 태웠을 뿐인데, 한 달 뒤 훨씬 마음이 가벼워졌다. '우리의 몸은 인생의 이야기를 찍는 사진기다'라는 시적인 표현을 하나 얻고 나는 명상을 그만두었다. 휴대전화에 담긴 수많은 현재의 사진이 지워진 그날, 그 명상을 떠올렸다. 그리고 매주 만났던 상담 박사님의 말씀도 떠올랐다.

"지민 씨는 '히어 앤 나우(Here and Now)'를 정말 잘하는 거 같아요. 현존! 내 마음을 현재에 잡아두는 것, 이것이 불안을 다스리는 최고의 기술이에요. 트라우마를 극복했다는 건 그 시절의 기억을 완전히 잊거나 외면하는 게 아니라 그 시절을 마주해도 이제 부정적 감정이 올라오지 않는 거예요."

나는 내가 얼마나 비워졌고 현존을 잘해 내고 있는

지 궁금해졌다. 사실 조금 자신도 있었다. 지난 3년간 눈이 오나 비가 오나 하루도 빠지지 않고 수영과 요가로 몸의 중심을 잡아가며 전문가 상담, 약물 치료, 명상, 글쓰기 작업 이 모든 것을 통해 나를 성찰했다. 이제 불안의 공포를 마주할 수 있다. 불안 맷집이 좋아진 것이다. 덕분에 복구된 휴대전화 속 사진도 편안하게 바라볼 수 있었다.

사실 섬유근육통과 공황장애가 지금도 완전히 사라진 건 아니다. 하지만 그 시절의 아기 도현이와 네 살 나은이 모습을 다시 마주할 수 있다는 사실이 지금은 기적처럼 느껴진다. 그 당시 늘 공황 상태였고, 아이들이 예쁘게 자라는 모습을 기억하지 못한다는 사실도 이제야 선명하게 떠오른다. 포맷된 휴대전화가 그 시절로 돌아간 걸 보자 가슴이 먼저 아팠다. 사진들을 다시 보니 가슴이 조금 무거워졌지만, 예전처럼 공포감이 밀려오지는 않았다. 불안해서, 불안한 게 불안해서, 불안할까 봐 불안했던 지난 3년. '엄마니까 아프면 안 된다, 엄마는 아프면 안 되고 고로 나는 아프지 않다.'라며 병을 외면했던 1년. 그리고 인정하고 치유해낸 2년. 나는 그 3년의 시간 동안 '나'를 살리기 위해 '나'를 배웠다. 위기의 순간이 오면 최선을 다해 느려져야 한다. 숨도 천천히 내뱉고 걸음도 천천히 걸어야 한다. 서두르면 마음이 조급해지고 진짜 보아야 할 내 감정들을 놓치기 쉽다. 빨리 낫겠다는 마음도 느려져야 한다. 아이러니하게도 불안해지면 불안 속에 잠시 미물러야 한다. 늪을 빠져나올 땐 달리는 게 아니라 몸을 바짝 낮춰야 한다. 불안이라는 늪이 눈치채지 못할 만큼 아주 천천히 기어 나와야 한다.

어제는 막내가 또 내 휴대전화를 숨겼다. 배터리가 닳아 전화할 수도 없었다. 휴대전화 속 추억이 다시 길을 잃었다. 이번엔 잃어버린 추억 앞에서도 의연했고 아이들 앞에서도 태연했다. 지나간 찰나에 마음 쓰지 않고 순간순간의 아이들과 오늘의 나를 충실히 사랑한다. 엄마의 '야매' 명상을 따라 하는 아이들과 오늘의 일상에 감사하고 내일의 평화를 기도한다. 나에게 명상은 삶의 되박음질이다. 다 뜯고 다시 박기도 하고, 완전히 해체해서 자유로워지기도 한다. 괴로움을 잊기 위해 괴로웠던 기억만 골라 지우는 것이 아니라 가장 행복했던 순간도 지워보는 경험이 내게 평화를 선사한 건 분명하다.

불안해도
괜찮은 밤이 있다

문은영 👩

　잠든 아이의 말간 얼굴을 바라본다. '이거면 되었다' 싶은 밤도 있다. 하지만 '이게 맞는 건가?' 하는 불안이 번지는 밤도 있다. 오늘 하루 내가 했던 말과 표정을 떠올려 본다. 아이에게 짜증을 낸 순간이 머릿속에 남는다. 이유는 있었지만, 그렇게까지 해야 했나 싶다. 나에게 집중하면서 아이의 요구에도 귀를 기울이는 일이 동시에 가능한 건지 모르겠다. 나에게 집중하면 아이에게 짜증을 내기 일쑤고, 아이의 요구에 귀 기울이다 보면 나의 감정은 어딘가에 내팽개쳐진다. 그렇게 감정 사이를 오가며 하루를 보낸다. 하지만 이런 마음과는 별개로 엄마의 일은 멈추지 않는다. 철이 바뀌면 아이 옷을 새로 사고, 작아진 옷을 정리하고, 여름이 오면 샌들을, 겨울이 오면 패딩 점퍼를 검색한다. 사소하지만 매일 해야 하는 일들이 하루를 메운다. 그러다 문득 '나는 괜찮은가?' 하는 생각이 빼꼼 머리를 들이밀면 두더지 게임을 하듯 툭툭 쳐서 밀어 넣는다. 다 그런 거라고, 너만 그런 게 아니라고, 지금 그게 중요한 게 아니라고. 동전을 얼마나 넣었는지 이 두더지 게임은 끝이 없다. 괜찮다 싶으면 새로운 불안이 고개를 내민다.

어느 날 SNS에서 아름답기만 한 육아 사진을 보면 생경하게 느껴진다. 판타지 동화의 결말처럼 느껴질 때도 있다. '이렇게 하면 이렇게 돼요. 짜잔!' 하기에는 양육의 과정이 너무 길고 복잡하다는 걸 엄마들은 누구보다 잘 안다. 불안은 연약하고 나약하게 보인다. 그래서 쉽게 말하지 못한다. 하지만 불안을 매개로 만난 '이불안 여자들'은 조금 달랐다. 우리는 행복도 불안도 견주지 않았다. 서로의 불안을 솔직하게 내보이라고 채근하지도 않았다. 그저 기다려주는 다정한 눈빛이 있었다. 불안은 외로운 감정인 줄 알았는데, 그렇게 연결되니 불안이 말랑해졌다. 우리는 서로의 이야기에 고개를 끄덕이며 듣는 사람이 되었다. 엄마가 되고 나서는 동료가 없는 기분이었는데 우리는 그렇게 멋진 동료가 되었다. 끈끈한 애정을 주고받는 동료가 있다는 건 패 든든한 일이었다. 그러다 보니 내 불안도 꺼내어 볼 용기가 생겼다. 실체 없는 불안과 싸우는 줄 알고 혼자 허공에 팔을 휘저었지만, 함께 천천히 들춰보니 형체가 드러났다. 그리고 서로를 안아줄 수 있었다.

우리는 서로의 불안에 다정한 동료가 되었고, 나의 불안과도 동료가 될 수 있었다. 이렇게 누군가의 이야기를 있는 그대로 들어주는 경험이 흔치 않다는 걸 안다. 운 좋게 서로를 만났지만, 불안한 순간마다 항상 내 마음을 알아주는 누군가가 곁에 있는 것도 아니다. 그럴 때 가장 좋은 동료는 결국 '나'다. 불안한 나를 모른 척하고 자꾸 괜찮다며 구석으로 몰아넣으면 결국 외로운 것도 '나'다. 불안이 스멀스멀 올라오면 내가 나를 돌봐야 한다. 불안을 없애려 보채지 않고, 애써 괜찮은 척하지 않고 그저 있는 그대로 '불안하구나' 하고 인정해 주는 것. 그게 시작이다.

문제는 불안이 아니라 불안을 바라보는 시선일지도 모른다. 우리는 종종 불안을 해결해야 할 문제, 버려야 할 감정, 모른 척해야 하는 일로 여긴다. 그게 꼭 개인의 탓만은 아니다. 소셜 미디어 속 사진을 몇 장만 넘겨도 '좋은 엄마는 이래야 한다'라는 이미지가 넘쳐난다. 그렇게 불안한 엄마는 곧 '미흡한 엄마'가 된다. 불안을 먹고 승승장구하는 산업이 있다면 그 선두에는 '육아'와 '입시'가 있을 것이다. 마치 지금 당장 하지 않으면 아이가 뒤처질 것처럼 불안을 부추긴다. 하지만 불안해도 괜찮다. 우리는 불안하기 때문에 나를 들여다볼 기회를 만난다. 그리고 그렇게 조금씩 나아간다. 불안을 해결해야 할 문제처럼 여기던 생각부터 오늘 이곳에 묻어두면 좋겠다. 나는 불안해서 미치겠는데 누군가 '에이, 뭘 그런 거 가지고 그래'라고 하면 바람 빠진 풍선처럼 마음이 휘리릭 가라앉는다. 누구보다 나의 불안을 함부로 넘겨짚고 검열하는 사람이 나 자신일 때가 많다. 불안한 나에게 너무 각박하게 굴지 말고, 괜찮은 척 넘기지 말고 그저 '지금 나 좀 불안하구나' 하고 말해 주면 좋겠다.

오르락내리락,
인생 그래프를 그립니다

우리의 삶은 늘 변화무쌍합니다. 기쁘고 빛나던 날도 있고, 숨 막히고 고단했던 날도 있습니다. 하지만 우리는 그 모든 순간을 나름의 방식으로 터벅터벅 걸어왔습니다. 도저히 못 걸을 것 같던 날도 있었고, 숨 가쁘게 뛰어야 했던 날도 있었을 거예요. 그 오르막과 내리막, 굽이굽이의 길이 바로 '나의 이야기'입니다.

　오늘은 그 들쑥날쑥했던 순간들을 '선'으로 그려보는 시간입니다. 그래프를 그려보면 내 삶의 높낮이가 한눈에 들어옵니다. 굴곡 없이 일직선인 길은 없을 거예요. 인생 그래프는 단지 과거를 정리하는 도구가 아닙니다. 이 기록을 통해 '내 삶은 결코 한 방향으로만 흐르지 않았다'는 걸 받아들이고, 지금의 나 또한 앞으로 충분히 잘 걸어가고 있다는 확신을 얻길 바랍니다. 이제 조용히 나만의 선을 그려보고, 그 선 위를 걷고 있는 나를 만나보세요.

- 그래프에서 가장 높이 솟아오른 순간은 언제였나요?
- 가장 낮았던 순간은 언제였나요? 그 시간을 어떻게 지나왔나요?
- 오르락내리락하는 삶의 변화 속에서 어떤 힘을 길러왔나요?
- 과거의 나를 만난다면 무슨 말을 해주고 싶나요?

✳ <u>인생 그래프 위에 내 삶의 곡선을 그려봅니다</u>

가로축에는 나이를 적어보세요. 8세, 13세, 17세, 20세는
기본으로 표시하고, 중요한 일이 있었던 나이도 자유롭게
추가해 보세요. 세로축은 감정의 높낮이를 나타냅니다.
윗부분은 기쁘고 힘이 났던 긍정적인 순간, 아래쪽은 슬프고
힘들었던 부정적인 순간입니다. 각 시절의 내가 어디쯤
있었는지 점을 찍어보세요. 그리고 하나의 선으로 이어보세요.
내 인생은 어떤 선을 그리고 있나요?

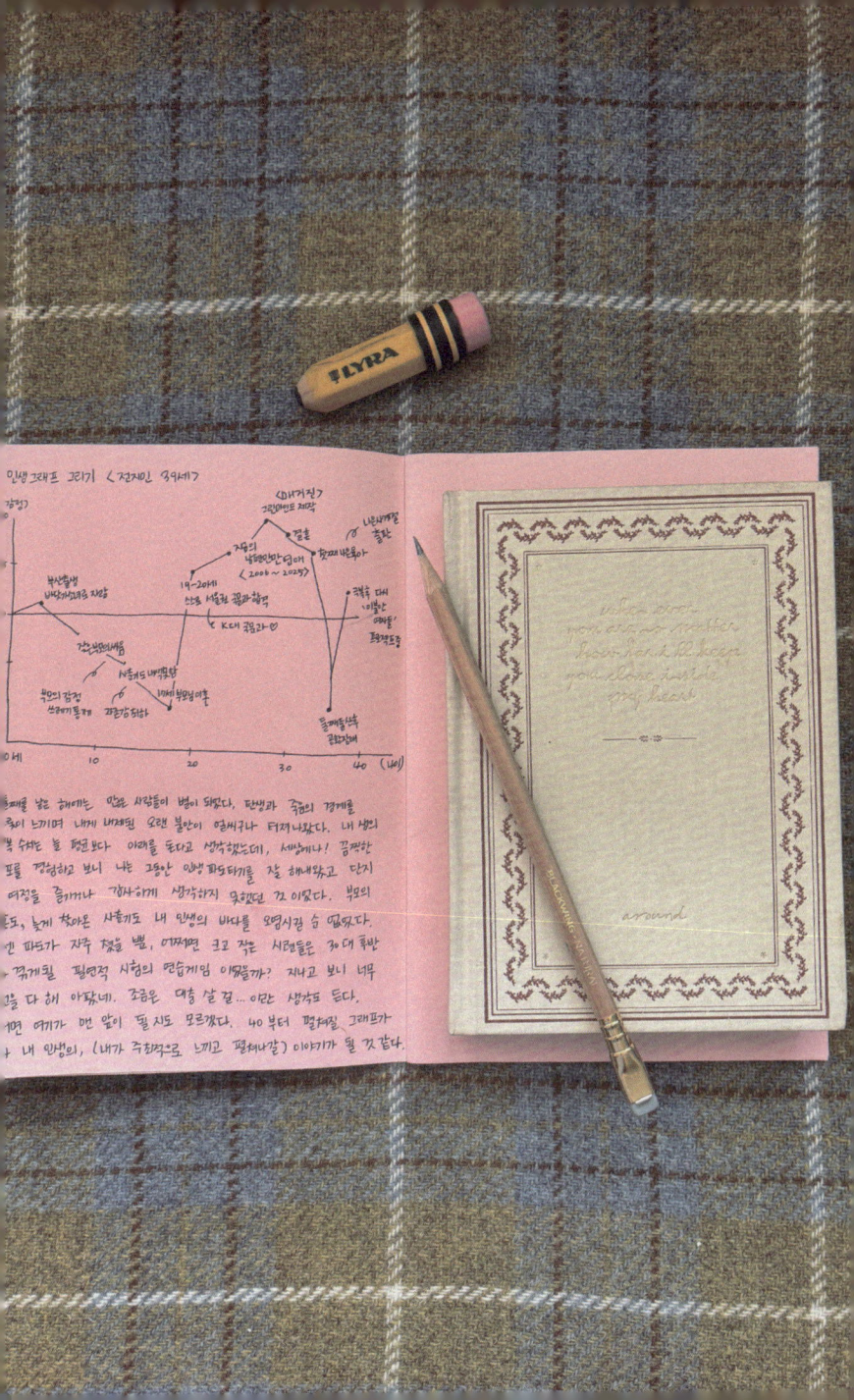

인생 그래프 그리기 <전제인 39세>

(感情)

부산출생
바닷가재료 지방

19~20대
연애 시절과 꿈과 학력
<2006 ~ 2013>

K대 국문과 입학

대거짐?
그래서맨드 제작   결혼   나라게임 출시/출간

첫째아기 출산

건선생의셈?

N클래스 대형동?   1대 무엇 여유?

죽음의 감정
쓰레기통 시절   정검감지되네?   첫째돌맞속 코감기에?

0세   10   20   30   40 (나이)

그때 넓 해체는 많은 사람들이 병이 되었다. 탄생과 죽음의 경계를
줄이 느끼며 내게 내재된 오랜 불안이 언써거나 터져나왔다. 내 생의
몇 수까운 줄 잡었보다 아래로 돈다고 생각했는데, 세번째나 끔찍한
또를 경험하고 보니 나는 그동안 인생 파도타기를 잘 해내왔고 단지
여짐을 즐기거나 감사하게 생각하지 못했던 것 이었다. 병의
도로, 늦게 찾아온 사춘기가 내 인생의 바다를 오랫시경 쉼 없었다.
신 파도가 자주 쳤을 뿐, 어쩌면은 크고 작은 시련들은 30대 후반
꺾게될 필연적 시험의 연습게임 이었을까? 지나고 보니 너무
들 다 해 아팠네. 조금은 대충 살 걸... 이란 생각도 든다.
1먼 여기가 먼 앞이 될 지도 모르겠다. 40 부터 펼쳐질 그래프가
나 내 인생의, (내가 주체적으로 느끼고 펼쳐나갈) 이야기가 될 것 같다.

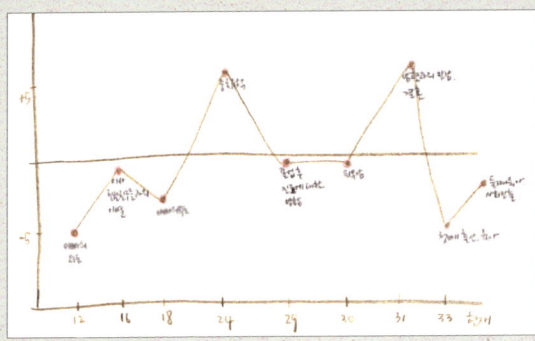

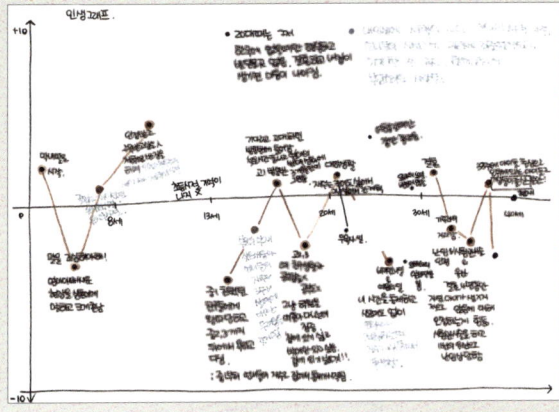

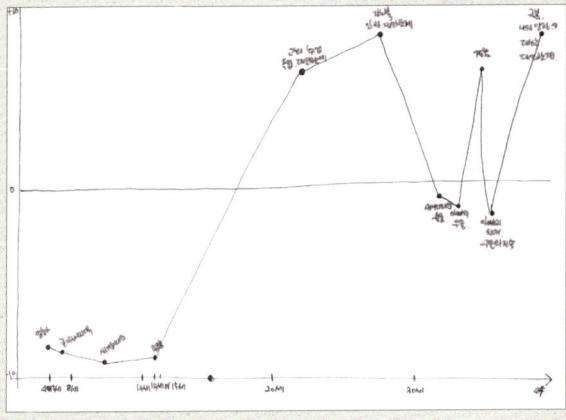

위기의 순간이 오면
최선을 다해 느려져야 한다.
숨도 천천히 내뱉고
걸음도 천천히 걸어야 한다.

서두르면 마음이 조급해지고
진짜 보아야 할 내 감정들을
놓치기 쉽다.

빨리 낫겠다는 마음도 늦춰야 한다.
아이러니하게도 불안해지면
불안 속에 잠시 머물러야 한다.

늪을 빠져나올 땐
달릴 게 아니라 몸을 바짝 낮춰야 한다.
불안이라는 늪이 눈치채지 못할 만큼
아주 천천히 기어 나와야 한다.

Chapter 5

마음을 넘어 말리고 싶어

그런 것도
잘하는 여자

전지민

오일장에서 남편의 옷을 한 벌 사려는데, 같이 따라나선 외할머니께서 "바지 똥구녕은 잘 봤나?" 물으셨다. "아니요"라고 답한 후 난생처음으로 바지의 엉덩이 솔기를 당겨 보았다. 덕분에 개중에 가장 박음질이 짱짱한 바지를 살 수 있었다. 손목에 주렁주렁 검은 봉지를 걸고 옆 노상에서 감자를 흥정 중인 엄마 곁으로 잽싸게 따라붙었다. 한 소쿠리에 이삼천 원 오가는 장날에도 엄마와 외할머니는 옥신각신하며 돈을 몇 번이나 하늘에 뿌렸다.

"엄마, 이건 내가 살게."

"내가 산다. 놔둬라."

"엄마, 이거 먹어봐. 사줄게."

"아니다. 니 다 묵으라."

"엄마, 이건 나랑 나누자."

두 여인의 꽁무니를 따라다닌 한여름의 시장 데이트는 장바구니보다 더 가득 찬 말들이 오갔다. 햇살과 흥정이 뒤섞여 반짝였다. 그녀들의 장보기 기술은 경이롭다. 이것저것 여러 개를 산 부식 가게에서는 요령껏 덤을 얻고, 시장 입구나 맨 끝자리 인적이 드문 가게의 단골이 되어 좋은 식재료를 싸게 산다. 단골 가게 사장님과 이런저런 이야기를 나누다 보면 그들은 자식과 식구를 먹여 살리는 친구가 된다.

나는 성실한 사람을 존경한다. 가족의 안녕을 위해 기꺼이 매 끼니 밥을 하는 엄마들을 그래서 제일 존경한다. 누군가는 미치도록 지루하고 재미없는 이 살림을 묵묵하고 야무지게 해내는 사람을 보면 부럽기까지 하다. 어느덧 나도 13년 차 주부이자 10년 경력의 엄마이지만, 나는 여전히 살림이 재미없고 요리가 버겁다. 설거지는 유독 더 재미없고 지루하다. 주방에 서서 그릇에 달라붙은 밥풀을 씻어낼 때면 그렇게 하기가 싫다. 그릇이 잔뜩

쌓인 싱크대 앞에 서서 아이들에게 닿지 않을 잔소리를 던지다 이내 마음이 심란해지면 친정엄마에게 전화를 건다. 설거지 메이트가 되어주던 엄마는 이젠 내 목소리만 들어도 우리 집 꼴을 훤히 꿰고 있다.

"사람마다 잘하는 게 다 다른 거지. 살림 싫어한다고 좋은 엄마 아니라고 누가 그러디."

그럴싸한 주방에서 각을 잰 듯 살림을 해야만 '좋은 엄마'인 건 아니다. 말끔하게 상을 차리고 깔끔하게 살림을 하는 건 주부의 덕목이 아니라, 그 사람의 귀한 재능일 테다. 나에게 그 재능 대신 다른 재능이 있듯 말이다.

친정엄마 집에서 지낼 때 수영을 처음 시작했다. 8개월 동안 차례차례 모든 영법을 배웠다. 놀랍게도 나는 가장 어렵다는 접영을 제일 잘했다. 강사는 접영할 때의 내가 전혀 다른 사람 같다고 했다. 예상치 못한 재능의 발견이었다. 접영에서 가장 필요한 덕목은 웨이브였다. 유연함은 내 자신감이 되었다. 수영장에서 나는 쭈뼛거리지 않고 유영했다. 모든 염치와 가식을 내려놓고 맨얼굴로 마주한 시간이 결국 나를 구원했다. 수면 위로 아래로 나는 자유롭게 헤엄쳤다. '좋은 엄마'가 되겠다는 다짐을 접고 '나를 일으켜 세우는 엄마'가 되겠다고 마음먹었다.

"우선 나부터 살자. 나를 알자. 나부터 고개를 들자."

어느 날 다 무너졌다고 느껴지는 순간, 내 아이가 나를 떠올리면 좋겠다. '아! 울 엄마는 이렇게 일어났지. 그 여자 참 매력 있었네, 이런 삶의 기술도 있었네'라며 걸어가면 좋겠다. 어느 여름날 시장에서 엄마와 엄마의 엄마 사이 오가던 삶의 기술을 흐뭇하게 바라보던 나처럼 말이다.

아이와 함께 수영을 하고 나오던 날이었다.

"엄마, 아까 우리 동시에 웃었잖아. 엄마가 수영장에서 나오는 길에 엄마도 사실 나처럼 물건을 잘 잃어버린다고 말하자마자 나는 양말 한 쪽을, 엄마는 가방을 탈의실에 두고 나온 걸 알고 얼마나 웃겼는지 몰라. 같이 챙겨 나오는데 너무 웃겼어."

"엄마! 일등으로 나오면 뭐 해? 다시 가지러 가느라 우리가 꼴찌야!"

"괜찮아. 꼴찌 하면 어때? 우리가 뒤에선 일등이야! 그리고 쉿! 엄마가 가방 놓고 온 건 비밀이야."

그날은 노란 송홧가루가 수영장 입구 계단마다 가

득 앉은 봄날이었다. 주차장에서 딸과 서로의 빈손을 깨닫고 같이 깔깔 웃으며 신나게 뛰어오르는데, 발 닿는 우리의 걸음마다 꽃가루가 예쁘게 피어올랐다. 열 살 엄마의 테두리가 그렇게 짙어져 갔다.

"나은아! 엄마는 잘 두고도 오지만 잘 찾기도 하는 사람이야. 그리고 또 공감을 잘하는 사람, 감정을 풍요롭게 느끼는 사람, 사람을 좋아하는 사람, 찰나의 행복을 잘 잡는 사람, 원 푸드 마스터 셰프, 집안의 갈등 분쟁 해결 변호사, 침대 맡 이야기 선생님, 아이들의 놀이 친구, 정리 전문가, 이사 전문가야!"

그리고 뒤이어 속으로 말했다.

'그래. 나는 빨리 인정하는 사람이기도 하지. 그래서 부족한 나를 사랑해서 울면서도 끝까지 해내고 마는 사람. 설거지는 싫어하지만 잘하는 게 이렇게 많은 꽤 괜찮은 사람이야. 아이야, 너는 어떤 너를 찾고 있니?'

엄마 이력서를 씁니다

문은영 👩

나는 식물을 잘 키우지 못한다. 내 손에서 시들어가는 식물을 지켜보는 일이 괴로워 아예 들이지 않는 쪽을 택했다. 식물을 잘 키우는 사람은 꾸준한 마음을 가진 사람이다. 한 번에 물을 듬뿍 주거나 햇살이 좋다고 마냥 햇빛 아래 두는 것이 아니라 매일 들여다보며 그때그때 필요한 것을 해주어야 식물이 잘 자란다. 나를 돌보는 일도 그렇다. 단번에 관심을 준다고 되는 일이 아니다. 그래서 '이불안 여자들'은 기록을 했다. 어느 날은 노트가 나를 노려보는 것만 같아 피하지 못하고 펜을 들었고, 어렵게 달랑 한 줄 적는 날도 있었다. 나에게 눈길을 주는 것부터 연습이 필요했다.

　엄마가 되고 '가장' 힘든 순간은 예상치 못한 공허함과 마주할 때였다. 이유식을 휘젓다가, 새벽에 유축을 하다가, 아이를 재우며 깜빡 잠들었다가, 어질러진 거실을 보다가 느닷없이 텅 빈 마음이 밀려왔다. 마주할 용기도 체력도 없어 떡볶이로, 드라마로, 잠으로 도망쳤다. 하지만 그런다고 채워지는 게 아니라는 걸 어렴풋이 알고 있었다. 아마도 엄마가 되고 생긴 은은한 불안은 그 공허함에서 싹튼 것이 아닐까. 이 감정을 뭐라 딱 잘라 설명할 방법은 없지만, 엄마가 되니 알게 되었다. 다행히도 그 텅 빈 마음이 하나씩 채워지는 순간은 많았다. 우유를 먹다 말고 배시시 웃는 아이의 얼굴, 하나도 놓치고 싶지 않은 엉뚱하고 천진난만한 말, 처음으로 혼자서 한 발 내디딘 모습을 바라보며 사랑과 기쁨이 조금씩 내 안을 채워주었다. 물론 때때로 썰물처럼 빠져나가 다시 빈자리가 생겼지만, 아이는 언제나 그 자리를 또 채워주었다. 하지만 끝내 내가 채워야 하는 빈칸이 있었다. 그래서 '이불 안 여자들'은 빈칸 안의 '나'를 들여다봤다. '나는 어떤 사람이었지?' '나는 무엇을 좋아하는 사람이었지?' '요즘 나는 무슨 생각을 하고 있지?' 나에게 묻기 시작했다. 하지만 대답은 쉽게 나오지 않았다. 나에게 관심을 주는 일도 시간이 필요했다.

'주부도 직업이다'라고 쉽게 말하지만, 정말 그렇다면 주부만큼 외로운 직업도 없다. 신나게 아이디어를 주고받는 회의도 없고, 미뤄두었던 냉장고 정리를 한다고 성과급이 나오는 것도 아니다. 더 잘해 보자고 뭉치는 회식도 없고, 훌쩍 떠나고 싶어도 연차를 쓸 수 없다. 하지만 직업이 맞기도 하다. 이번 주말 아이들과 할 일을 기획하고, 계절별로 필요한 옷과 용품을 준비하고, 다양한 정보를 비교하며 아이에게 꼭 맞는 것을 찾는다. 그러다 보면 가끔 성취감도 느낀다.

'나는 어떤 일을 하는 사람인가?'

이 질문에 답을 하기 위해 우리는 '엄마 경력 기술서'를 적었다. 싸고 예쁜 그릇으로 식탁을 아름답게 하는 요리사, 앱 사용법을 반복해 설명할 수 있는 능숙한 강사, 가족들이 필요한 걸 한눈에 파악하는 컨트롤 타워…. 하나씩 적어 내려가다 보니 역시나 정말 많은 일을 하고 있었다. 그리고 그건 누군가는 반드시 해야 하는 '중요한 일'이었다.

언젠가부터 엄마의 자존감도 양육자의 숙제가 되어 버렸다. 자존감이 낮은 엄마는 아이 인생을 망친다는 육아서만 쌓아도 내 키만큼 될 것이다. '자존감'이란 단어는 흔해졌지만, 그 의미는 희미해졌다. 자존감에 대한 설명은 넘치지만 핵심은 하나다. 자존감은 모든 것이 완벽하게 맞아떨어질 때 생기는 것이 아니라, 있는 그대로의 나를 받아들일 때 비로소 싹튼다. 하루 종일 쳇바퀴 돌 듯 보내고 한밤이 찾아오면 누군가에게 "수고했어, 오늘 하루도 고생 많았어"라는 말이 듣고 싶다. 하지만 정작 나 자신에게는 다정한 말을 해주지 않는다. 부족한 점만 찾아 나를 꾸짖기 바쁘다. 그러니 오늘, '엄마 경력 기술서'를 한번 적어보자. 언뜻 보기에 눈에 잘 띄지 않을 뿐이지 '엄마 경력 기술서' 한 줄에 담긴 노동의 온도는 꽤 뜨겁다.

'이렇게 많은 일을 하다 보면 실수할 수도 있지. 그래도 하나씩 해나가는 나, 대견하네.'

엄마 경력 기술서를
씁니다

엄마라는 일을 직업이라고 하기에는 엄마는 이력서도 경력 기술서도 없습니다. 엄마는 하루에도 수십 가지 역할을 해냅니다. 아이의 기침 소리만 들어도 어떤 감기에 걸렸는지 짐작하는 팀닥터이자, 아이의 기분에 따라 음악을 틀어주는 DJ고, 그날의 날씨를 보고 메뉴를 결정하는 요리사이기도 합니다. 때로는 갈등 조정가, 선생님, 심리상담사, 행정가, 이벤트 기획자가 되기도 하죠. 하지만 이 모든 걸 해내고 있음에도 엄마들은 때때로 스스로를 충분하지 않다고 느낍니다. 오늘은 엄마로서 내가 해온 일들을 정리하며 경력 기술서를 만들어봅니다. 집에서 하는 역할을 구체적으로 적어보면 얼마나 많은 걸 해내고 있는지 스스로 자부심을 느낄 수 있을 거예요. 엄마라는 역할은 눈에 잘 보이지 않는 무형의 노동이 유독 많지만, 직접 적어보면 분명히 알 수 있어요. 나는 가만히 있던 적이 없고, 늘 애쓰고 있었다는 걸 말이죠. 이 기록을 통해 당신이 해온 모든 '일'의 의미를 스스로 확인해 보세요.

- '이건 진짜 내가 잘한 거야' 하고 칭찬해 주고 싶은 순간은 언제였나요?
- 내가 했던 일들 중 가장 예상치 못한 역할은 무엇인가요?
- 엄마로서 쌓아온 경력이, 시간이 지나면 어떤 모습으로 내 안에 남아 있을까요?

엄마 경력 기술서
• • • • • • • • • • • • • •

• 회사명 : 무지개가 사는 집

• 구성원 수 : 3명

• 재직 기간 : 2014 - 20XX

- 뛰어난 검색 능력
  집착에 가까운 검색 솜씨로 물건을 저렴하게 사거나
  정보를 능숙하게 찾음. 항간에는 '이 아가 못 찾은 정보는 존재하지
  않는 것이다.' 라는 설이 있음.

- 우리집 푸드코디네이터
  라인 하나도 아름답고 보기 좋게. 몇 안 되는 주방 살림으로 멋드러진
  상차림을 해 내는 나. 주말 아침은 가장 신경 쓰는데. 호텔 조식 느낌
  으로 짜잔 ! 분식·일식·한식 범위기에 맞게 예쁘게 차려 낸다.

- 전속 포토그래퍼
  사진 찍는 걸 좋아하는 나. 승현과 아인의 자연스러운 순간순간을
  담아내는 건 나의 큰 기쁨. 전속 모델이 생겨 좋지만 누가 나도 이렇게
  찍어 주었으면 하는 바람이.. 두 사람이 나에게 돈을 내야 해 진짜...

엄마 경력기술서

회사명 : 소소한 가 素爆滿家 행복한 웃음이 가득한 집
기간 : 2015.8.15 ~ 2024.7.8 현재
가훈 및 신념 : 존중해 줄 것. 사랑할 것. 신뢰할 것.

아침에 일어나 함께 인사하기.
꼼꼼하게나마 붙어있으니 아침 청결기에 (쉐프) 아이들 맛줌.
따숙 마주다.

그림 같이 그리기

하루 일과 올려받주기   스토케덱너 항강 전원가
집정리 · 인테리어, 몸은 예쁘게 꾸미.
식단 바꾸기.
독서   개인 교습
아이사진 예쁘게 찍어주기.
사진 제작소. (아주 예쁘게 담아 준다)

엄마 경력개술서. (기록 3명 기준)

업무내용.

· 루틴·일과 (여행·계획) · 주거의·약사 (아이들과 남편의 아픈 부분을 체크하고
   비염관리 등 덜어 아닌 삶을 체크하는 사람.

아내·엄마·며느리·딸·동반 역할을 해내는 사람.

전략분석가와 협상을 벌여 여행 및 경비비용을 절약하는 재정책임자.

가정의 모시 경제를 담당하다.

동생에게 필요한 용품·전자·의류 등 시기별로 정리하고 구매하는 구매담당자.

- 잘하는 것.   둘이들의 독립성으로 함께 하는영역이 많습니다.

요리옆께하기 / 동생들 돌봐 주면 함께 개기 / 대외운동으로 걷기, 자박공기
많은 축전놀하기 / 병문들의 옷과 평과 등 선택해서 입기

✳✳ 엄마로서 해온 일들을 구체적으로 정리해 봅니다

먼저, 엄마로 일해 온 시간을 떠올려보세요.
몇 년 차인가요? 아마 하루도 쉬지 않고
이어진 시간일 거예요. 엄마가 된 시점부터
지금까지의 여정을 연차로 기록해 보고,
그 시간이 얼마나 밀도 있었는지 돌아보는
것부터 시작하세요. 나의 '일터'는
어디였을까요? 집, 놀이터, 병원 대기실,
마트, 아이 등·하원길, 차량 안…. 우리는
다양한 공간을 일터 삼아 일해 왔고,
그 모든 순간이 '엄마라는 일'의 현장이
었습니다. 이제 지금까지 해온 역할을
하나씩 적어보세요. 기억이 잘 나지 않는
다면 오늘 하루 한 일, 혹은 지난 일주일간
결정하고 해낸 일들을 되짚어보는 것도
좋아요. 아이가 아플 땐 병원 예약을 하고,
친구와 다퉜을 땐 마음을 토닥여주고,
집안일과 아이의 일정 사이를 조율하며
매일같이 판단하고 움직였을 거예요.
무심코 해왔던 일들이 기록하는 순간부터
분명 의미를 갖기 시작할 거예요.

'가장' 힘든 순간은 예상치 못한
공허함과 마주할 때였다.

이유식을 휘젓다가,
새벽에 유축을 하다가,
아이를 재우며 깜빡 잠들었다가,
어질러진 거실을 보다가 느닷없이
텅 빈 마음이 밀려왔다.
마주할 용기도 체력도 없어
떡볶이로, 드라마로, 잠으로 도망쳤다.

하지만 그런다고 채워지는 게
아니라는 걸 어렴풋이 알고 있었다.

아마도 엄마가 되고 생긴
은은한 불안은 그 공허함에서
싹튼 것이 아닐까.

Chapter 6

불안을 팔아 평화를 산다

불안을 팔아
평화를 살 수 있다면

전지민

올봄, 양평으로 이사를 했다. 결혼 생활 13년 차, 열다섯 번째 집이고 마흔 살 먹은 '관사'다. 이번 집은 엘리베이터 없는 5층이다. 11층 아파트를 10초 만에 올라가던 아이들이 이제부터는 5층까지 매일 계단을 오르내려야 한다. 관사는 입주자가 집을 고를 수 없다. 배정받은 층을 보고 우리 부부는 아쉬워했지만, 아이들은 유쾌해했다. 처음으로 맞이한 긴 계단이 신기했던 아이들은 새로운 모험을 시작한 탐험가처럼 씩씩하게 성큼성큼 올라갔다. 가족들이 서로의 뒤꽁무니를 바라보며 말없이 계단을 이어 오르는데, 어이가 없으면서도 그 모습이 우습고 사랑스러워서 4층쯤에서 웃음이 터졌다. 힘들어서 히죽히죽 웃다가 결국 다 같이 네발로 기어올랐다.

사실 지난여름부터 관사에 들어가지 않기 위해 열심히 전셋집을 알아봤다. 관사가 위치한 마을은 읍과 조금 거리가 떨어져 있고 인근에 기피 시설이 많았다. 공동묘지와 닭 축사, 아스콘 시멘트 공장이 버뮤다 삼각지처럼 관사를 둘러싸고 있어서 이번만큼은 들어가지 않으리라고 마음먹었다. 양평 전역의 집을 뒤지고 다녔다. 한날에 열 집 이상 봤으니 어림잡아 백 집 가까이 본 것 같다. 빌라, 단독주택, 아파트, 관사까지 존재하는 대부분의 집을 훑었다. 그날 밤도 터덜터덜 빈손으로 돌아온 우리에게 아이가 배고픈 눈으로 물었다.

"엄마? 오늘은 집 구해 왔어?"

나는 대충 얼버무리며 옷도 벗지 않고 밥부터 지어 먹였다. 그날따라 아이들은 유난히 맛있게 먹어주었다. 그동안 어떤 지역의 어떤 모습의 집을 배정받아도 훌렁훌렁 살림을 잘 갈아입었던 내가 지쳐가려 했다. 열 번까진 웃으며 이사를 해냈던 것 같다. 그럴 수 있었다. 내가 선택한 길이니까. 나와 가족은 유난히 이번 이사가 힘들었다. 군인 가족 대상 전세 자금 지원 제도가 있었지만 실제로 통과되는 경우는 거의 없다고 했다. 우리는 가능하다는 말만 믿고 가계약을 했는데, 그 사이 예산이 삭감된 것이다. 결국 대출이 나오지 않아 전세 계약금도 날리고 관사 외에는 선택지가 없었다. 예상치 못한 큰 시련 앞에서 다양한 감정이 마음을 쾅쾅 두드렸다. 가장 큰 감정은 '불안'이었다. 집을 구하지도 못했고, 전세 계약금도 돌려받지 못했으며, 들어갈 관사조차 마음에 들지 않았다. 모든 게 내 뜻대로 되지 않는 상황에서 화가 아니라 불안이 찾아온 게 의외였다.

'이 집에서 내가 못 살아내면 어쩌지?' '아이들이 아프면 어쩌지?' '오 층까지 오르내리기 힘들면 어쩌지?' 마음은 현재에 있지 못하고 자꾸 미래에 가 있었다. 문득 내가 불안보다 몸을 더 빨리 움직이면 불안이 쫓아오지 못할 거라는 생각이 들었다. 불안을 회피하고 불안을 인정하지 않기 위해 더 열심히 살았다. 하루에 운동도 두 가지씩 하고, 틈나는 대로 친구들과 자주 통화하며 불안한 마음을 외면했다. 하지만 불안은 회피할수록 몸집이 커졌다. 두려움과 불안은 특히 더 그랬다.

이사 후 아이들은 잔잔한 몸살을 앓았다. 올해 초등학교 3학년이 된 딸은 밤만 되면 자신의 방에 들어가기 무섭다고 했다. 해가 지면 방에 걸린 커다란 창문이 무섭다고 울기도 하고, 잠을 자다가 내 곁으로 달려오기도 했다. 도시의 풍경과 다른 시골의 고즈넉하고 캄캄한 밤이 아이들에게는 무서운 밤이었다. 아이들은 어둠이 낯설다고 울었다. 여러 밤을 달래다가 아이들과 불안을 피하지 말고 직면해 봐야겠다는 생각이 들어 용기를 냈다.

"얘들아, 엄마 옆에 앉아봐. 어둠이 무섭다고 방을 더 환하게 밝히면 창밖의 어둠은 더 캄캄하게 보여! 그래서 엄마는 지금 집 안의 모든 불을 끌 거야. 무서우면 엄마 옆에서 잠시만 눈을 감고 기다려봐. 어둠도 자세히 보면 환하단다!"

모든 불을 끄고 딸아이 방에 둘러앉았다. 눈이 어둠에 적응하자 서로의 실루엣이 보이기 시작했다.

"밖이 이제 더 밝지? 시골에선 논 옆에 가로등도 밤이 되면 잠을 잔대. 벼도 어두워야 잘 자라거든. 밤이 있어야 모두가 편안하게 쉴 수 있고 힘을 충전할 수 있고 자랄 수 있어."

아이들의 표정이 서서히 밝아졌다. 취침 등을 하나씩 켜주자 작은 몸집에서 나온 빛이 방 안을 따뜻하게 채웠다. 그 밤, 우리는 불안을 끌어안고 평화로 나아갔다.

전세를 구하지 못하고 이 관사에 들어오기로 했을 때 나는 운명을 원망했다. 나를 구원할 동아줄도, 비빌 언덕도 없다는 사실이 슬프기도 했다. 요즘 세상에 5층까지 엘리베이터 없이 오르내리는 집이 얼마나 있겠냐며 남편도 원망했다. 그러나 이사 후 아이들의 불안을 마주하고 나니 그토록 커 보이던 나의 불안도 조금씩 실마리가 드러났다. 아이들 눈높이에 맞춰 불안을 직면하고 나니 내 불안의 타래도 풀리기 시작했다. 두려움이 몰려올 땐 두려움에 져서 폭싹 망해 버린 나를 상상해 본다. 예상처럼 진짜 다 망했다 치자. 그럼 "망하면 어때서?"라는 씩씩한 답이 돌아온다. 난 이제 내 편이 되어주고 싶다. 아이들과 어둠 안에서 용기 내어 머물러본 것처럼, 막상 부딪혀 본 불안한 일상은 예상보다 훨씬 괜찮았다. 이사를 한 지 한 달이 훌쩍 지나자 탄탄해진 허벅지와 꽤나 괜찮은 공기를 느낄 수 있었다. 냄새가 나는 시간대에 맞춰 환기 타임도 조정했다. 아이들의 인내심과 허벅지 근육도 많이 길러진 듯 보였다. 이곳에 이사 와 모든 일이 잘 풀렸노라며, 이 관사에서 오래오래 살고 싶다는 귀여운 동생도 만날 수 있었다.

드디어 기다리던 봄이 왔다. 계절은 우리의 의지와 상관없이 제때 찾아와 다음 무대로 이끈다. 나에게 이사는 계절이다. 내 뜻대로 정할 수 없지만 때가 되면 어김없이 찾아와 몸살을 앓게 한다. 그리고 그만큼 나를 자라게 한다. 오늘도 5층까지 서너 번은 오르내렸으니 20층은 거뜬히 오른 셈이다. 외면하지 않은 나의 감정과 이 집이 선사하는 이야기도 가뿐히 읽어나가야겠다.

불안을 품고도
엄마는 자란다

문은영 🙂

임신을 준비할 때는 아기를 낳으면 더 행복해지는 상상만 했다. 지금 생각하면 참 대책 없었지만, 그래서 더 평온했다. 행복을 준비하는 기분이었다. 출산보다 육아가 더 힘들 거라는 시나리오는 어디에도 없었다. 핑크빛 낙관이라기보다 그냥 무지였다. 가끔은 백지 같은 무지가 낙관을 앞지른다. 아이 낳을 때 '엄청 아프다'는 건 알았지만, 출산 이후의 삶은 누구도 말해 주지 않았다. 모유 수유를 하면 가슴이 단단해진다는 것도, 외출할 때마다 신데렐라처럼 시간을 계산해야 한다는 것도 처음 알았다. '젖 먹던 힘'이란 말이 괜히 생긴 게 아니었다. 갓 태어난 아이가 살기 위해 빨아들이는 힘은 실로 대단했고, 덕분에 가슴은 만신창이가 되었다. 수유 중 생긴 상처에 바르는 연고가 따로 있다는 것도 그제야 알았다. 하지만 진짜 신경 쓰인 건, 아이가 먹는 양이었다. 젖을 물고 잠든 아이를 깨워 다시 먹여야 하는지, 그냥 자게 둬야 하는지 '이게 맞나? 저게 맞나?' 매일 정답을 찾으려 애썼다. 큰일은 아니지만 늘 불안이 마음 한구석을 톡톡 건드렸다. 하지만 무엇을 어떻게 해도 시간은 흘렀고, 아이는 자랐다. 그 사실에 안심이 되기도 했지만 동시에 또 다른 불안이 시작됐다. '이대로 흘러가도 괜찮은 걸까? 내가 뭘 놓치고 있는 건 아닐까?'

엄마가 되기 전 모성애는 그저 아이를 향한 깊은 사랑이라 믿었다. 작은 아이에게 화를 내는 모성애는 상상조차 못 했다. 그게 나일 거라고는, 더더욱. 상상과 현실은 달랐다. 아이에게 화를 내고 포효하는 사람은 바로 엄마인 '나'였다. "왜 안 자니?" "왜 안 먹니?" "왜 10초도 혼자 못 있니?" 내가 뱉은 말은 밤이면 가슴 밑바닥에 가라앉았다. 그리고 불쑥 '나는 왜 이런 엄마일까'라는 죄책감이 불안을 건드렸다. 어느 날은 SNS 피드를 넘기다가 반짝이는 일상들 사이에서 괜히 마음이 울렁거렸다. 나만 이렇게 덜컥거리는 건가 싶어서 괜히 불안해졌다. 안 해도 될 말을 감정에 휩쓸려 꺼내 놓고 밤이 되어서야 후회하는 날도 있었다.

불안은 때때로 나를 지키기 위해 울리는 경보음이었다. 아이를 잘 돌보고 싶고, 내 삶도 놓치고 싶지 않고, 관계도 해치고 싶지 않은 마음들이 충돌할 때 경보음이 울렸다. 그건 어쩌면 사랑의 또 다른 얼굴이기도 했다. '불안해하지 말자'라는 말은 오히려 불안을 오래 머물게 만든다. 그 말은 지금 이 감정을 느껴선 안 된다는 금지어 같다. 불안한 날이면 나는 '쓸모없는 엄마'처럼 느껴졌다. 스스로에게 '나쁜 엄마' 딱지를 붙였다. 하지만 인간은 원래 불안한 존재다. 아무리 막으려 해도 불안은 틈을 타고 스며든다. 나에 대한 불안, 아이에 대한 불안 둘 다 품고 사는 엄마는 더 그렇다. 아이의 말수가 적으면 내성적일까 봐 걱정되고, 시끄러우면 산만한 건 아닐까 불안하다. 어떤 날은 아이가 괴롭힘을 당하진 않을까, 친구가 없진 않을까 상상하다 가슴이 쿵 내려앉는다. 그럴 땐 스스로에게 물어야 한다. '이건 사자를 만난 불안일까, 고양이를 본 불안일까.' 길에서 사자를 만났다면 불안한 게 당연하다. 심지어 위험을 피하기 위해선 꼭 필요한 감정이다. 하지만 고양이를 보고도 사자처럼 느끼는 날이 있다. 그럴 땐 한 걸음 물러나 바라볼 필요가 있다. 불안의 얼굴을 천천히 다시 들여다봐야 한다.

　한 사람의 성장을 곁에서 지켜보는 일은 그 자체로 이미 충분히 의미 있다. 그러니 아무리 사소해 보여도 하찮은 건 없다. 계절 따라 옷장을 정리하고, 찐득한 얼룩이 묻은 옷을 비벼 빨고, 엉킨 머리를 빗겨주고, 커져 버린 발을 보고 새 신발을 고르는 일. 작고 사소해 보여도 그 안에 삶이 있다. 엄마는 그렇게 흐르는 일상의 노를 매일 묵묵히 젓는 사람이다. 불안을 안고서도 삶을 계속 이어간다. 아이와 함께하는 날들은 매일 비슷해 보여도, 조금씩 다른 풍경이다. 어느 날 아이는 새로운 단어를 말하고, 100보다 더 큰 숫자를 알고, 한 시간이 얼마나 긴 시간인지 이해한다. 행복은 불안이 사라져야 완성되는 게 아니다. 불안과 행복은 같은 풍경 안에 있다. 지지고 볶는 일상 속에서 서로 부비고 있다. 불안은 뽑아야 할 잡초가 아니다. 나의 풍경을 채우는 한 그루 나무다. 그러니 미워하지 않아도 된다. 없애려 애쓰지 않아도 된다. 철 지난 이불을 빨듯 꺼내어 탁탁 털고 마주하면 된다. 우리는 모두, 불안을 품고도 조금씩 자라는 중이다.

내가 나를
인터뷰해 봅니다

'나는 어떤 사람인가요?' 이 단순한 질문이 의외로 어렵게 느껴질 때가 있습니다. 나에 대해 가장 잘 아는 사람은 나일 텐데, 막상 스스로에게 물으면 쉽게 대답이 나오지 않습니다. 그래서 오늘은 나와 대화를 나누어보려 합니다. 우리는 늘 다른 사람과 대화를 하지만, 정작 가장 많이 묻고 답해야 할 대상은 바로 '나 자신'일지도 모릅니다. 이번 기록은 나를 관찰하는 좋은 시간이 될 거예요.

　스스로에게 질문을 던지고 답하다 보면 내 안의 다양한 '나'를 발견하게 됩니다. 어떤 대답은 낯설기도 하고, 어떤 대답은 위로가 되기도 합니다. 질문과 대답 사이에서 나를 들여다보는 시간을 만들어보세요. 나를 인터뷰한다는 것은 누군가에게 자신을 포장해 소개하는 일이 아니라, 내 마음의 결을 천천히 살피는 과정입니다. 대답이 서툴러도 괜찮고, 한 번에 답하지 못해도 상관없습니다. 중요한 것은 그 안에서 나를 관찰하고, 그 순간의 생각과 마음을 기록하는 것이니까요. 이 기록은 누구에게 보여주기 위한 것이 아니라 나를 알아가는 과정입니다. 억지로 다듬지 말고, 숨기지 말고, 진짜 내 목소리를 듣고 대답해 보세요.

- 스스로에게 묻고 싶은 인터뷰 질문도 만들어보세요. 질문이 떠오르지 않는다면 이 세상의 엄마들에게 하고 싶은 질문을 생각해 보고, 내가 먼저 답해 보세요.
- 나를 인터뷰하고 난 후, 나에게 어떤 말을 해주고 싶나요?

내가 가장 나답다고 느낄 때는 언제인가요?

나답다. 내가 어떤 사람인지 기억이 잘안난다 바램이 뭐였죠 난지 기념

내가 나다운 때는 언제였을까?

치열하게 바쁜 삶을 살던 때 친했던 후배랑 식사히 하며 웃긴거 먹으며 답하면서 편안히 있을때 긴장없이 부담감없이 나를 드러낼 수 있을때가 아닐까?

나를 언제.. 자연스럽고. 자유롭고. 편안할까.

타인의 시선에 또 겨눌때. 타인이 평가해서. 바쁨 바쁠때

나를 잠든 그대로 바라보고. 원하는 것에 대해서. 선택해보고

내안에 드는 생각들은 있는 그대로 두어다 보고..

내가 좋은 것. 좋아한다면 얘기 할 수 있는것.

나를 그대로 인정해주는 때..

나는 나요. 나는 그대로 괜찮아.

- 20대의 나에게 한 마디를 전할 수 있다면 무슨 말을 해 주고 싶나요?

힘이 닿는데까지 열심히 놀고 치열하게 공부해 봐. 가능한 세상의 여기저기를 돌아보고 좋은 사람들과 사귀렴. 무슨 일에도 마음을 다 하는 너의 노력이 훗날 너를 더 멋진 사람으로 만들거야.

어떤 시간들이 쌓이면 나는 내 인생을 성공했다고 말할 수 있을까요?

이뤄할만큼 이뤄해보고 사랑 해볼만큼 사랑 해보고 용서. 포용 모든 것을 남김없이 해 본다을. 아주작은 미련과 아쉬움 정도만 남는 내마음을 볼때. 진하게 공부 잘 했다고 생각이 들 것 같다. (그런데 정말 그럴 수 있을까)

'이불안 여자들'이 만든 인터뷰 질문입니다. 우리가 우리 스스로에게 던진 질문이기도 해요. 한 번에 다 적을 필요는 없어요. 눈에 띄는 질문 하나씩 답변을 적어보세요. 조금 더 나와 가까워질 거예요.

Self-interview 나를 들여다보는 시간

1. 지금까지의 내 인생을 드라마로 만든다면 어떤 제목을 지어주고 싶나요?

2. 기분이 가라앉았거나 무기력함에 빠졌을 때, 에너지를 충전하는 방법이 있나요? 아니면 시간이 지나가기를 기다리나요?

3. 지금 이 순간 하지 않으면 훗날 후회할 일은 무엇이 있을까요?

4. 때때로 작은 일이 큰 파도처럼 덮칠 때가 있죠. 인생이 원하지 않는 방향으로 가고 있다고 느끼는 순간이 있나요?

5. 아무도 방해하지 않는다면 온전히 집중하고 싶은 일은 무엇인가요?

6. 내가 가장 나답다고 느낄 때는 언제인가요?

7. 아직 엄마가 되지 않은 사람에게 전하고 싶은 단 하나의 메시지가 있다면 무엇인가요?

8. 어떤 시간이 쌓이면 나는 내 인생이 성공했다고 말할 수 있을까요?

9. 나에게 주고 싶은 최고의 선물은 무엇인가요?

10. 나에게 '엄마'라는 정체성은 어떤 의미인가요?

11. 어떤 말이나 칭찬을 들었을 때 내가 인정받고 있다고 느끼나요?

12. 내가 가진 능력 중에서 가장 마음에 드는 것은 무엇인가요?

13. 떠올리면 기분 좋아지는 유년 시절의 기억은 무엇인가요?

14. 스스로를 위로할 때 가장 많이 하는 말은 무엇인가요?

15. 엉망이었던 일을 해결하거나 못 할 것 같던 일을 해냈던 순간이 있나요? 분명 있어요. 찬찬히 기억을 떠올려보세요.

16. 일상에서 지키고 있는 규칙이 있나요? 그중 깨도 괜찮은 게 있나요?

17. 내가 원하는 사랑의 표현은 어떤 건가요?

18. 나는 무엇을 좋아하는 사람인가요?
    - 좋아하는 일상의 순간 3가지
    - 좋아하는 음식 3가지
    - 좋아하는 감정 3가지

19. 좋아하지만 지금은 원하는 만큼 즐기지 못하는 일이 있나요?

20. 내가 생각하는 이상적인 하루가 있나요?

21. 20대의 나에게 한마디 전할 수 있다면 무슨 말을 해주고 싶나요?

22. 지금 이 순간의 나에게 상장을 준다면, 어떤 상을 주고 싶나요?

23. 나의 일상을 CCTV로 관찰하고 있다면 나에게 어떤 말을 해주고 싶나요?

24. 아무도 나를 모르는 곳에서 일주일 동안 타인의 삶을 살 수 있다면 어떤 곳에서 어떤 이의 모습으로 살아보고 싶나요?

25. 나의 아이에게 딱 한 가지만 가르쳐줄 수 있다면 무엇을 전해 주고 싶나요?

26. 누군가에게 딱 한 가지 도움을 받을 수 있다면 무엇을 요청할 건가요?

27. 언제 마음이 가장 편안한가요?

28. 최근 내가 대견하다고 생각한 순간은 언제였나요?

29. 나는 주로 언제 서두르거나 긴장하나요?

30. 불안할 때 마음을 가라앉히기 위한 나만의 방법이 있나요? 아무것도 하지 않을 수도 있겠죠?

31. 그 어떤 제약도 없다면 가장 하고 싶은 일은 무엇인가요?

32. 남편과 바뀐다면 나는 아내에게 어떤 남편이 되어주고 싶나요?

33. 아이와 바뀐다면 나는 어떤 엄마를 원할까요?

34. '불안이'가 내 친구라면 나는 불안이에게 어떤 친구가 될 수 있을까요?

35. 어린 나로 돌아간다면 어린 나와 함께 가보고 싶은 장소가 있나요?

36. 죽음이 앞에 있다면 아이와 남편에게 남기고 싶은 마지막 말은 무엇인가요?

- 아무도 방해하지 않는다면 온전히
  집중하고 싶은 일은 무엇인가요?

  바람 솔솔 부는 곳에서 편안한 의자에 앉아.
  시원한 커피와 함께 좋아하는 실을 고르고
  하루 종일 뜨개를 하고 싶다. 아, 좋은 음악도 물론 함께!

눈딱 감고 지나가고 싶은데
지나치기 어려운게 있나요?

해야하는 집안일.
오히려 혼자 해야하는 큰일입니다
눈앞에 닥친 빨래ㆍ이불개기ㆍ청소등으로
가려버리지 못함.

지금의 내 인생을 드라마로 만든다면, 제목은?
"사는 사랑"
내가 어찌할 수 없는 일이 생기기도 했고, 내 마음대로
안 된 날도 있었다. 뜻밖의 행운도 있었고, 생각보다
잘 풀려간 날도 많았다. 어찌됐든 나는 계속 걸어온 사랑.

지금 이 순간 하지 않으면 훗날 후회할 일은
무엇이 있을까요?
아이라 글빔이 행복한 추억 쌓기
아이의 장점에 포커스를 맞추어 긍정적인 상호작용
많이 하기
사랑하는 표현과 느낌을 자주 전달해주기
네가 얼마나 소중한 존재이며 엄마에게 와줘서
얼마나 고마운지...

• 내가 나에게 주고 싶은 최고의 선물은 무엇인가요?
가장 바쁜 일상을 보낼 때, 일상을 떠날 상상을 한다. 그 상상이
현실이 될 수 있도록 터셋팅을 한다, 이미 실행하고 있고 앞으로도
주고 싶은 선물이다.

152

그리고 또 어느 날 생각나면 다시
질문을 들춰보세요. 매일은 아니더라도
하나씩 답변을 적어가다 보면 나에
대한 책이 한 권 완성될 거예요.
같은 질문에 답이 달라지는 순간도
분명 있겠죠? 나에게는 변하지 않는
모습도 있지만 꿈틀꿈틀 변하는
구석도 있으니까요. 내 이야기를
내가 들어주는 시간을 빚어 주세요.

"시골에선 논 옆 가로등도
밤이 되면 잠을 잔대.
벼도 어두워야 잘 자라거든.
밤이 있어야 모두가 편안하게
쉴 수 있고 힘을 충전할 수 있고
자랄 수 있어."

아이들의 표정이 서서히 밝아졌다.
취침 등을 하나씩 켜주자
작은 몸집에서 나온 빛이
방 안을 따뜻하게 채웠다.

그 밤, 우리는 불안을 끌어안고
평화로 나아갔다.

이불 밖 여자들

"저라면 그렇게 못 살아요."

해마다 터를 옮겨야 하는 군인 가족의 삶이 12년째 반복되던 어느 날, 늘 듣던 응원과 인사말에도 문득 서운함이 올라오기 시작했다. 그때 나는 겨울 이불을 덮고 있었다. 6톤인 짐을 5톤 트럭에 맞춰 실어야 했다. 6톤 같은 5톤 트럭을 수소문했지만 있을 턱이 없었다. 결국 짐을 줄이고 줄여 5톤 트럭 한 차에 실었다. 살림을 트럭에 맞추는 일에 넌더리가 났다. 충분히 쓸모가 있었지만 다음을 기약하며 버린 물건이 제법 많았다. 그때 버려진 건 단지 필요 순위에서 밀려난 세간만이 아니었다. 버겁고 힘든 내 감정도 골라 버렸다. '이 순간만 조금 더 버티자. 일단 이사부터 해놓고 우울해하자.' 그렇게 감정을 꾹꾹 눌러 버려두었지만 기어코 이사 간 집까지 따라왔다. 한 차에 실어 온 짐을 부려놓고 보면 가구나 가전의 모서리가 찍히고 닳아 어딘가 남루해 보였다. 실려 온 짐들이 하나씩 제자리를 찾아 앉을 때, 나는 오히려 며칠간 구겨져 몸살을 앓았다. 엉덩이 가볍고 허벅지 튼튼하기로 소문난 여자가 며칠을 겨울 이불 안에 웅크리고 있는 건 예삿일이 아니었다. 정리하지 않은 이삿짐처럼 마음은 어수선했다. 불안을 짓는 겨울이었다. 하지만 새까만 눈으로 어미의 손만 바라보는 아이들이 있었기에 털고 일어날 수 있었다. 사람을 살게 하는 힘은, 결국 '사랑'이다. 사랑하기에 고생을 삼키고, 미움을 견디고, 불안을 털고 일어난다.

얼마 전, 이웃 작가님에게 공황장애가 찾아왔다는 소식을 들었다. 누가 보아도 행복의 한복판에 서 있는 듯한 그였기에 누군가는 의외라 여길 수도 있었지만, 나는 그 마음을 알 것 같았다. 그래서 용기 내 댓글을 남겼다.

"가장 행복할 때, 가장 큰 고통이 찾아오더라고요.

제가 몇 년을 돌아와보니 이 고난을 가장 잘 이겨낼 수 있는 순간이 바로 지금이기 때문에 지금 찾아온 것 같아요. 이 참에 '나'라는 테두리를 더 지우면서, 완전히 자유로워지길!"

사랑이란 감정은 모든 곳에 내가 머무는 기분을 선사한다. 사랑하는 상대가 나인지, 내가 그 사람인지 구분할 수 없는 모호한 경계를 느껴본 적 있을 것이다. 우리는 그 경험을 통해 세상을 이해해 나갈 수 있다. 적어도 나는 그랬다. 그 경험들이 쌓여 사랑을 넓혀갈 수 있었다. '전지민'이라는 이름뿐 아니라 한 아이의 '어미'로도 존재하기 시작하면서부터였다. '아무것도 아니어도 괜찮다. 나는 이미 충분하다.' 진심으로 그렇게 믿게 되었다. 불안은 아니러니하게도 '나'라는 울타리를 견고하게 지을수록 더 커진다. '이래야 하는 나', '저래야 하는 나', '이래야만 하는 나'로 만든 울타리를 허물고, 오히려 '나는 그 누구도 아니야'라고 자각하는 순간 아이스크림처럼 불안이 서서히 녹아내린다. 단단한 울타리 대신 여리지만 견고한 걸 떠올려본다. 풀, 바람, 아이들, 그리고 사랑. 무엇이 되지 못한 내가 얼마나 편안해졌는지 모른다. 작가로 유명해지지도 못했고, 훌륭한 어미가 되지도 못했다. 그저 우당탕탕 불안 속에서 허우적거리며 살아가고 있다. 하지만 아무렴 어떤가. 사랑하는 가족과 친구들, 그리고 아이들을 보듬다 보면 내가 그들인지, 그들이 나인지 모르게 경계가 녹아내린다. 따뜻한 마음으로 모서리가 둥글어져 간다.

지금 이불 밖에 있다고 해서 불안이 다시 찾아오지 않으리란 법은 없다. 다시 어둡고 두꺼운 이불 아래로 기어 들어가 마음이 심란해진다 하더라도, 이제 나는 안다. 그냥 두어도 괜찮다. 기다리다 보면, 이불 속 나를 인정하고 사랑하다 보면 스스로 덥다고 기어 나오는 날이 분명 찾아온다. 곧 남들은 다 춥다고 웅크리는 계절에 나 혼자 더워질지도 모른다. 이미 온전한 사랑으로 꽉 차 있으니까.

"저도 당신 인생,
저라면 그렇게 못 살아요.
당신이니까 당신만이
살아낸 겁니다."

이불 빨래. 끝—

이불안 여자들

초판 1쇄　2025년 9월 20일

글　　　전지민, 문은영
사진　　전지민
편집　　문은영
디자인　노혜지
일러스트　정승연
제작　　세걸음

펴낸곳　　퍼들점프
출판등록　제395-2024-000199호 (2024년 10월 17일)
이메일　　puddlejumpclub@gmail.com
인스타그램　@ibulan_club
이불안 여자들 1기　바람, 승연, 양이, 이아, 자연, 혜지

ISBN　　979-11-994373-0-2 (03180)